書下ろし

古代史で読みとく
桃太郎伝説の謎

関　裕二

祥伝社黄金文庫

古典文学の原像

雑文和歌の世界

藤井 貞和

はじめに

お伽話《とぎばなし》「桃太郎」には、モデルがいた……。状況証拠を積み上げていくと、ヤマト建国直後の四世紀に活躍した吉備津彦命《きびつひこのみこと》こそが、実在の桃太郎だったと考えられる。しかも、桃太郎に加勢《かせい》した犬の末裔《まつえい》が、五・一五事件で殺された犬養毅《いぬかいつよし》だったというオチまでつく。

「桃太郎」を「所詮《しょせん》子供のためのお伽話」と鼻で笑っていられるのも今のうちだ。桃太郎と吉備津彦命を探っていくと、古代史の意外な裏側が見えてくる。特に、舞台となった「吉備」が大きな意味を持ってくる。「吉備」とは、備前《びぜん》、備中《びっちゅう》、備後《びんご》、の三つの地域で、現代の岡山県と広島県東部のことで、備前と備中の境界線あたり、すなわち倉敷《くらしき》市、総社《そうじゃ》市、岡山市の一帯に吉備津彦命にまつわる伝説が多く残されている。

これまで歴史を語る上で、「吉備」はなかなか俎上《そじょう》にのぼってこなかった。日本の歴史の根っこにドカンと居座っていたのに、古代史の話題と言えば、やれ邪馬台国《やまたいこく》だ、やれ出雲《いずも》だ、やれヤマト建国だ、で終わってしまう。考古学者がしきりに、「前方後円墳《ぜんぽうこうえんふん》は吉備で産声《うぶごえ》を上げた」と言い続けても、「それがなにか」と、一般の古代史愛好家《あいこうか》は、特別関心を示さない。それもそのはず、そもそも八世紀に編纂《へんさん》された現存最古の正史《せいし》『日本書紀《にほんしょき》』が、「ヤマト建国と吉備の関係」を無視し、「吉備がヤマトの中心に立っていた」こと、「吉備が大いに発展していた」ことを、バッサリ、無慈悲《むじひ》にも、きっぱり、強引《ごういん》に、消し去ってしまっているからなのだ。だからこれまで、「吉備」の実力は知られていなかったし、存在感も薄かったのだ。

このような状況の中で、「キビ団子《だんご》を腰にぶら下げた桃太郎なら知っている」というのが、吉備に対する一般の評価だったわけである。

黎明期《れいめいき》のヤマトを実質的に動かしていたのは吉備だったなどという話は、教科書には載っていないし、つい最近まで、誰も知らなかったのだ。

ならば、桃太郎の秘密を解き明かし、吉備の歴史を明らかにしてみせようではないか。

桃太郎と吉備津彦命の謎を解き明かせば、「吉備」がみえてくる。吉備がわかれば古代史の謎が解けてくる。

桃太郎の裏側に隠された、日本の歴史の真相に迫ってみようではないか。

平成二十六年八月

関《せき》裕二《ゆうじ》

もくじ

第一章　桃太郎と吉備津神社

第二章　昔話と桃太郎

第三章 いじめられっこ・吉備

第四章 物部氏と桃太郎

本文装丁／ソウルデザイン　鈴木大輔
図版作成／J―ART

第一章

桃太郎と吉備津神社

牧歌的ではなかった桃太郎伝説のロケーション

いきなり、話は脱線して始まる。

もう十年ほど前のこと。権現堂堤《ごんげんどうつつみ》（埼玉県幸手市《さってし》）の桜を愛でた帰り、駐車場で、「土浦《つちうら》ナンバー（茨城県南部）」から降りて来た若いお兄様が、小生の車を指さして、笑っていた。

「みろよ、多摩《たま》から来てるよ。多摩ナンバーだよ」

その仲間たちも、おかしそうに笑っている。

「ん、多摩から来て、何が変なのだ？」

彼らの会話を総合すると「多摩から来てるよ」は、どうやら、「われわれがよく来る権現堂堤が、ようやく世間に知れ渡ってきたこと」、しかも「多摩の山奥から、わざわざ来る人がいるのだ」「多摩の山猿か!!」「多摩の山奥にも、桜は咲いているだろうに」という、ニュアンスだった。

念のためにいっておくが、多摩ナンバーは東京二十三区の西隣の一帯で、外環道《がいかんどう》か首都高《しゅとこう》を利用すれば、権現堂堤までは二時間かからない。それほど遠い観光地ではないのだ。

桜と菜の花のコントラストを拝むために、「特別大変な苦労をしてたどり着いたわけではない」。しかも、小生はけっして山猿なんかではない。おそらく。いや、多分。

なぜこのような話をしたかというと、桃太郎伝説の故郷が吉備で、現代の地名でいうと岡山県と広島県東部なのだが、関西の人間ならまだしも、箱根《はこね》の関から東の人間にとって、「岡山」のイメージ、地理感覚が摑《つか》みにくいからだ。権現堂堤で「多摩から来ているよ」と叫んだお兄様たちのように、漠然《ばくぜん》とした知識から、間違った想像力を膨《ふく》らまされては困る、といいたいのである。

じつは、桃太郎伝説は、「倉敷の周辺」に密集している。「岡山」と聞いてもぴんとこないが、「倉敷」といっただけで、風景が浮かんでくるはずなのだ。さらに、倉敷に観光に行かれたことのある方なら、「国分寺《こくぶんじ》（総社市）」があったことを思い出されるかもしれない。しかも伝説の舞台は「吉備津神社から鬼《き》ノ城《じょう》の一帯」と説明すれば、

「ああ、そこなら行った」

と、風景、風土が、目に浮かんでくるのではなかろうか。

倉敷といえば、天領《てんりょう》（幕府《ばくふ》直轄領《ちょっかつりょう》）の名残に彩《いろど》られた古い街並みで知られている。十七世紀に徳川幕府《とくがわばくふ》の代官所《だいかんしょ》が置かれ、流通の要《かなめ》となり発展した。「倉敷」とはそもそ

も中世の貢納物《こうのうぶつ》を納めた倉庫のことで（倉庫のある敷地だから「倉敷」という。これは本来は地名ではない）、やはり流通の中継地に設置されたのだ。

古代に遡《さかのぼ》っても、倉敷市やその周辺は繁栄を極《きわ》め、巨大前方後円墳の密集地帯になっている。後に再び触れるが、日本歴代四位と九位という巨大前方後円墳が、造営されていたのだ。この大きさは、天皇陵以外にはあり得ない。

すなわち、桃太郎伝説の故郷は、牧歌的な田園地帯というよりも、国府《こくふ》が置かれる吉備の中心地といった方が正確なのだ。政治と流通の要衝《ようしょう》である。

これを忘れていては、桃太郎伝説の真相を見誤る。

桃太郎ってどんな話だった？

敗戦後すぐのころまで、「民族的」なものはすべて、反動的とレッテルを貼られ、桃太郎は「ブルジョワ（資本家）の鬼を退治する正義の味方」と喧伝《けんでん》されもした。

さすがに今では、そのようなことを言い出す者は少なくなって、純粋にお伽話として親しまれている。その一方で、なぜ桃太郎伝説が生まれたのか。謎は解けない。

吉備津彦神社境内にある桃太郎像（写真／おかやま旅ネット）

ならば、桃太郎の真相を突きとめることは、可能なのだろうか……。桃太郎の話なら、誰でも知っているだろう。とは言っても、子供のころに読んで聞かされた物語を、正確に覚えているものだろうか。ちなみに、筆者の記憶のなかに埋もれている話は、おおよそ次のようなものだ。

お爺《じい》さんは柴刈《しばか》りに、お婆《ばあ》さんは川に洗濯に行きました。すると川上から、大きな桃が流れてきて、お婆さんはそれを持ち帰って切ってみると、中から桃太郎が生まれました……。それから桃太郎は、鬼退治をするために鬼ヶ島に向かいました。途中、腰につけたキビ団子をエサに、猿、キジ、犬を家来にして、彼らの活躍もあって、鬼退治を成功させたのでした……。めでたしめでたし。

さて、こうやって物語を思い出してみると、謎がいくつもある。なぜ、桃の中に子供が入っていたのだろう（最大の謎だ）。なぜ桃太郎は鬼退治に向かったのだろう（しかも唐《とう》突《とつ》に）。なぜ、人間ではなく、動物が桃太郎に加勢したのだろう……。

そこで、もう少し、正確な桃太郎伝説を追ってみよう。

ただその前に、大きな誤解を解いておかなければならない。山に入ったお爺さんは、柴刈りをしたというのが、定番だが、「柴刈り」は「芝刈り」ではない。山の芝刈ってどうする。サッカーやるわけでもないのに……。ラグビーもゴルフも、まだ伝わっていなかった。「柴」は、小さな雑木《ぞうき》で、刈って焚き木《たぎ》に使うのだ。

さてさて、人口に膾炙《かいしゃ》した桃太郎伝説は、おおよそ次のような内容だ（絵本や「岡山県の説話」などを、総合してみた。記憶にはなかった詳しい話になっている）。

昔々、あるところにお爺さんとお婆さんがおりました。お爺さんは山に柴刈りに、お婆さんは川へ洗濯に行きました。すると川上から大きな桃が、ドンブラコ、ドンブラコと、流れてきました。拾って食べるとおいしかったので、お爺さんに食べさせたいと思い、もうひとつ流れてこいと願ったところ、大きな桃がドンブラコ、ドンブラコと、流れてきました。それを拾って持ち帰り、お爺さんが切ると、中から男の子が出てきました。家に子がいなかったから、お爺さんとお婆さんは、「桃太郎」と名付け、育てることにしたのです。

大事に育てたからでしょうか、桃太郎はあっという間に大きくなり、力持ちになりました。桃太郎は、お爺さんとお婆さんに「鬼退治に行きたい」と言い出したのです。

これが、鬼退治の端緒《たんしょ》である。

お殿様が登場する桃太郎説話もある

また、こんな話もある。桃太郎が成長した後のことだ。

ある日桃太郎は、大木を根っこごと掘り返して家に持って帰りました。しかし、お婆さんは、「そんな大木、捨ててしまえ」というので、桃太郎は川に投げ捨てました。その時大音声《だいおんじょう》がして、爺さんと婆さんは腰を抜かし、また、お殿様にも聞こえたのです。家来を差し向け、音の原因を調べさせたところ、桃太郎の仕業《しわざ》とわかり、お殿様は、たいそう喜ばれました。

「そんな力持ちの子がいるのなら、悪さをする鬼ヶ島の鬼を退治させよう」

（なるほど。桃太郎が鬼退治に向かったのは、お殿様のご下命《かめい》だったのだな……）

桃太郎は鬼退治に行くので、お爺さんとお婆さんに、弁当を作ってほしいと願い出ました。けれども家は貧《まず》しく、お米はない。そこで、キビ団子を作ってくれました（キビ団子の謎も、これで解けた）。これを腰に着けて、鬼ヶ島を目指したのです。

桃太郎は島へ渡る算段《さんだん》をつけましたが、家来がほしいと思いました。すると、キジ（雉子）がやってきて、家来にしてほしいといいます。桃太郎は、「それならば」と、キジに乗って島まで飛んでいきました。すると島には猿がいて、桃太郎のもとにやってきました。

「腰につけたキビ団子をくれるなら、家来になりましょう」

桃太郎は、キビ団子を猿にやり島を奥に進んでいくと、今度は犬がやってきました。

「桃太郎さん、お腰につけているものはなんですか」

「弁当さ。日本一のキビ団子だ」

「それを私にくださいな。そうすれば、家来になってついていきます」

こうして家来が揃《そろ》い、桃太郎らは力を合わせて、鬼を退治したのだそうだ。めでたしめでたし。

これが、一般の人びとが知っている、桃太郎伝説である。

いろいろな桃太郎

桃太郎を巡る説話は、全国に伝わっている。いったいこの話、いつごろ出来上がったのだろう。

われわれが親に聞かされて知っている昔話やお伽話の歴史は、想像以上に古い。室町《むろまち》時代の『御伽草子《おとぎぞうし》』はよく知られているが、話によっては、さらに平安《へいあん》時代、奈良《なら》時代まで、起源《きげん》を遡ることができる。たとえば浦島太郎は、「浦島子《うらしまのこ》」の名で八世紀に編纂された『日本書紀』に登場している。『日本書紀』は、「浦島子は実在の人物だった」と記録し、しかも別冊を用意している（現存せず）といっている。

『万葉集《まんようしゅう》』も、浦島太郎にまつわる歌を取り上げている。浦島伝説の故郷、丹後半島《たんごはんとう》にも、もちろん濃密《のうみつ》な浦島伝説が残される。これらを総合すると、浦島太郎は歴史上の人物で、しかも大活躍をしていたようなのだ。

その一方で、「昔話桃太郎」は、五大お伽話として名高いが、想像以上に新しいものなのだ。話の原型はすでに室町時代に誕生しつつあったようだが、今日《こんにち》全国に広まった話の骨格が完成したのは、江戸《えど》時代中期から後期にかけてのこととされる。

それに、もともと定まったあらすじがあって文字になったわけではないから、ありとあらゆる「ご当地《とうち》桃太郎」が生まれ、それぞれの地域のお国訛《くになま》りで語り継がれたようだ。『桃太郎話』（立石憲利《たていしのりとし》　岡山市デジタルミュージアム）に、いくつもの桃太郎伝説が紹介されている。

たとえば、鬼退治の家来が、キジ、猿、犬だけではなく、臼《うす》、カニ、栗も加わった、という「猿蟹合戦型《さるかにかっせんがた》」の話もある。

また、こんな話もある。岡山県笠岡《かさおか》市の「くさかった」という話だ。

川の上流から流れてきたのは桃ではなく、芋《いも》だった。それを拾って帰ってきたお婆さんが、「お爺さんが帰らぬうちに食べてしまえ」ということになったのだけど、お腹《なか》が膨れて爆発した。お爺さんは、柴を刈らなかったのに「くさかった」のだとさ……。

何だこのオチ!!

新見市《にいみ》にも、よく似た話がある。こちらは、大きな桃を持ち上げた拍子《ひょうし》におならが出て、その大音声がお爺さんに聞こえ、柴を刈らないのにくさかったのだとさ。

桃が流れてくる音（擬音《ぎおん》）も、「ドンブラコ」「ドンブリコ」だけではない。例を挙《あ》げれば切りがない。

「ドンブリカンブリ　スッパイコー」（鳥取）
「ポンコロ　ポンコロ」（山口）
「ドンブリコプリン　ドンブリコプリン」（広島）

といった具合だ。桃太郎説話が、口から口に伝わっていたことがわかる。

また、桃太郎誕生も、「桃を割ってみたら」という話は、新しいもので、古くは、もう少しお色気《いろけ》じみていたようだ。その内容については、教育上の配慮《はいりょ》で割愛《かつあい》する。

そこで問題となるのは、なぜ「桃太郎説話」が誕生したのか、ということである。

ひょっとすると、「日本一のキビ団子」という言葉が、いたる場所で登場しているのは、「和菓子屋《わがしや》の宣伝《せんでん》ではないか」と思える節《ふし》がある。というのも、江戸時代初期、吉備津神社の門前《もんぜん》で「キビ団子」が売られていて、しかも、「日本一」と、称賛《しょうさん》されて（自称していた？）いたからである。

吉備の観光名物が吉備津神社とキビ団子とすれば、江戸時代に桃太郎伝説の話が完成し、「日本一のキビ団子」を宣伝するために、吉備の人たちが面白《おもしろ》おかしく語り継いできたというのが、本当のところだったのではあるまいか。

とはいっても、桃太郎は、ゼロから創作されたわけではなく、古代史の中にモデルがいたようなのだ。しかも、「吉備」にまつわる人物である。だから、「キビ団子を宣伝するための桃太郎」だけに注目していても、真相を見誤る。

吉備津神社のあれこれ

桃太郎伝説の舞台周辺でもっとも由緒《ゆいしょ》ある神社といえば、吉備津神社（岡山県岡山市北区吉備津）なのだ。もっと正確に言えば、桃太郎伝承《でんしょう》の発祥《はっしょう》の地が、吉備津神社だった。

「吉備の中山」が旧備前国と備中国をまたいで横たわり、その山麓に、吉備津神社がある。吉備の中山は「鯉山《りざん》」とも呼ばれ、人びとに愛されてきた。『古今和歌集《こきんわかしゅう》』には、「真金《まかね》ふく吉備のなかやま」と称《たた》える歌がある。

すぐ近くの吉備津彦神社（岡山市北区一宮《いちのみや》）と間違えやすいが、吉備津神社は備中、吉備津彦神社は備前、それぞれの一《いち》の宮《みや》であり、どちらも吉備津彦命を祀《まつ》っている。ただし、吉備津神社は吉備国総鎮守《そうちんじゅ》で、格《かく》が上だ。

吉備津彦命は第七代孝霊《こうれい》天皇の子で、本来の名は五十《い》狭芹彦命《させりびこのみこと》という。いずれにせよ、崇神《すじん》天皇の時代、四道将軍《しどうしょうぐん》のひとりとして西道《にしのみち》（山陽道《さんようどう》）に遣《つか》わされた人物で、吉備津彦命の弟の稚武彦命《わかたけひこのみこと》が、吉備氏の祖だ。

この吉備津彦こそ、桃太郎のモデルとなった人物なのだが、吉備津神社に吉備津彦にまつわる伝承が残されている。そこで、吉備津神社について、簡単な予備知識を入れておこう。

さて、吉備津神社は第十五代応神《おうじん》天皇の子・仁徳《にんとく》天皇の時代に創建されたと神社は主張する。けれども、はっきりしたことはわかっていない。おそらく、古代の吉備の発展とともに、祀られるようになったのだろう。ちなみに、吉備の最盛期は五世紀半ばだ。

地方の神社の中では、破格の扱いを受け、特別視《とくべつし》されていたことは間違いない。承和《じょうわ》

360度の回廊が見事な吉備津神社

吉備津彦命の屋敷跡に社殿を建てたのが起源とされる吉備津彦神社

十四年（八四七）には従四位下の神階《しんかい》を授かったが、その後承平《じょうへい》・天慶《てんぎょう》の乱《らん》（平安時代中期に起きた東西の内乱。平将門《たいらのまさかど》と藤原純友《ふじわらのすみとも》の乱）に際し神威《しんい》を発揮したという理由で、一品《いっぽん》を授けられた。神階の中で、最高位に位置する。ようするに、朝廷《ちょうてい》も無視できない、大切な神社だったのだ。

平安時代末期に後白河法皇《ごしらかわほうおう》が編纂した『梁塵秘抄《りょうじんひしょう》』に取りあげられた今様《いまよう》の歌に、「一《いっ》品聖霊《ぽんしょうりょう》吉備《きび》津宮《つぐう》」とあり、本殿《ほんでん》や摂社《せっしゃ》が整っていたことが明記《めいき》されている。

現在の吉備津神社本殿と拝殿《はいでん》は中世神社建築を代表する国宝で、僧《そう》・重源《ちょうげん》が東大寺《とうだいじ》再建《けん》に際し中国の宋《そう》から伝えた天竺様《てんじくよう》（大仏様《だいぶつよう》）という手法で造って、「吉備津造《きびつづくり》」と呼ばれる。また内部は寝殿造《しんでんづくり》と寺院建築の影響を受けるなど、独自の「神社建築物」となっている。ただし、「寺院」には見えず、秀麗《しゅうれい》で、日本を代表する神社建造物のひとつといっていい。

本殿正面は七間、側面は八間で、白い基壇《きだん》は「亀腹《かめばら》」と呼ばれている。檜皮葺《ひわだぶき》の入母屋《いりもや》破風《はふ》（破風は、入母屋造《いりもやづくり》の妻側の三角形の部分）を二つつなげた独特な形状で知られている。室町初期の応永《おうえい》三十二年（一四二五）に建てられたものだ。

社家《しゃけ》に賀陽氏《かやし》や藤井《ふじい》氏らがいるが、臨済宗《りんざいしゅう》を日本に伝えた栄西《えいさい》は、賀陽氏の出だ。

これだけ壮大な社殿が建てられたのは、吉備が繁栄していたからだ。

ご多分に漏《も》れず、その昔、門前（宮内《みやうち》）には花街《はなまち》が広がっていて、『好色一代男《こうしょくいちだいおとこ》』にも登場している。山陽道を代表する歓楽街に成長し、「諸国遊女番付」で宮内は前頭《まえがしら》の地位を獲得し、京都の先斗町《ぽんとちょう》と肩を並べていた。ただし、明治時代に至り、遊女解放令によって、花街は姿を消したのだった。

ちなみに吉備津神社は、由緒正しいがゆえに、花街があったのだ。そこのところは、誤解のないように。

古い神社の門前町には、ほぼ間違いなく、花街があった。先斗町や祇園《ぎおん》は、八坂神社《やさかじんじゃ》の門前町だ。遊女の起源を辿《たど》っていくと、神に仕《つか》える巫女《みこ》で、神遊《あそ》びをする乙女《おとめ》たちであった。神遊びとは、神と性的な関係を持つことであり、巫女は神とつながることで「祟《たた》りをもたらす恐ろしい神を鎮《しず》める力」を持つと信じられていたのだ。そして、神から力を得て、男たちにパワーを注《そそ》いでくれるありがたい存在と考えられていた。その後巫女が零落《れいらく》し、遊女となり、これに群がる男どもは、神のおこぼれを頂戴《ちょうだい》したわけである。

吉備津神社の温羅《うら》伝説

吉備津神社には、「温羅（吉備冠者《きびのかじゃ》）」の伝承が残される。時代背景は、第十代崇神天皇の御代《みよ》だという。ちなみに、崇神天皇は実在した初代王と考えられているため、ヤマト建国黎明期のことになる。

あらすじは、以下のとおり。

異国の鬼神《きじん》が吉備にやってきた。正体は百済《くだら》の王子で名を温羅といい、吉備冠者とも呼ばれていた。両目は爛々《らんらん》と輝き、髪の毛は燃えるように赤く、身長は一丈《じょう》四尺《しゃく》で、膂《りょ》力《りょく》は絶倫《ぜつりん》、性格は荒々しく兇悪《きょうあく》だった。

備中国の新山《にいやま》に居城《きょじょう》を築き、脇の岩屋《いわや》山に楯《たて》を構えて、海賊行為を繰り返し、婦女子《ふじょし》を略奪《りゃくだつ》した。人びとはおびえ、温羅の居城を「鬼ノ城」と呼び、窮状《きゅうじょう》を都に出向いて訴えた。

朝廷ももちろん、兵を繰り出した。武将を遣わし討《う》たせたが、温羅は巧みに兵を動かし、神出鬼没《しんしゅつきぼつ》、朝廷軍を煙に巻いた。そこで朝廷は、武勇の誉れ高い第七代孝霊天皇の

鳴釜伝説が伝わる吉備津神社御釜殿

五十狭芹彦命の石楯（楯築弥生墳丘墓）

子・五十狭芹彦命（吉備津彦命、またの名は大吉備津日子命《おおきびつひこのみこと》）を遣わすことにした。大軍を率いた五十狭芹彦命は、吉備の中山に陣取り、西の片岡山に石楯《いしたて》（楯築弥生墳丘墓《たてつきやよいふんきゅうぼ》）を築き防御《ぼうぎょ》を固めた。

しかし、敵もさるもの、温羅の勢いはすさまじく、五十狭芹彦命でも手を焼いた。五十狭芹彦命の放った矢は、必ず空中で温羅の放った矢とぶつかり、海中に没した。そこで五十狭芹彦命は一計を案じ、強力な弓で、矢を同時に二本放って不意を突いた。一本の矢はやはり空中で落とされ海中に没したが、一本の矢は温羅の左目を射貫《いぬ》いた。流れ出した血は流水のようで、血吸川《ちすいがわ》は、その名残なのだ。

たじろいだ温羅は、キジとなって山中に逃れたが、五十狭芹彦命は鷹《たか》になって追った。すると温羅は鯉《こい》になって血吸川に逃げた。そこで五十狭芹彦命は鵜《う》になって鯉を噛んだ。これが、鯉喰宮《こいくいぐう》（鯉喰神社《こいくいじんじゃ》。倉敷市矢部《やべ》）の鎮座《ちんざ》する由来である。

温羅は降参し、五十狭芹彦命に自分の名である「吉備冠者」を献上した。このため、五十狭芹彦命はここから、吉備津彦命と名を改めた。吉備津彦は鬼の首をはね、串刺《くしざ》しにして曝《さら》した。これが、首部《こうべ》になった（岡山市首部に温羅の首塚《くびづか》がある）。

ところが、物語はこれで終わらなかった。埋められた温羅の首は、何年も大声で吼《ほ》え続け、その唸《うな》り声は響きわたった。吉備津彦は配下の犬飼建《いぬかいのたける》に命じ、犬に首を食べさせた。髑髏《されこうべ》になっても、吼えることをやめない。そこで吉備津彦は、温羅の髑髏を吉備津宮の釜殿《かまでん》のカマドの下に八尺の穴を掘って埋めさせた。それでも、なお十三年の間、唸り続け、近隣の里に響きわたった。

ある時、吉備津彦の夢枕《ゆめまくら》に温羅が現れ、次のように告げた。

「私の妻で阿曽郷《あぞのさと》（総社市と岡山市をまたいだ地域）の祝《はふり》の娘《むすめ》・阿曽媛《あそひめ》に釜殿の神饌《しんせん》を炊《た》かせるよう求めた。もし何か世の中にことあれば、ここで占《うらな》いなさい。すなわち、吉ならばゆたかに鳴り、凶《きょう》ならば荒々しく鳴るという。吉備津彦は世を捨てたあと霊神となってください。私は、使者となって民に賞罰《しょうばつ》を加えましょう」

このように、吉備津宮の釜殿は温羅の霊を祀り、その精霊《せいれい》を「丑寅《うしとら》みさき」というのである。

これが、温羅伝説と鳴釜《なるかま》の由来を巡る、吉備津神社の伝承である。

吉備津神社の鳴釜の謎

ところで、先述した『梁塵秘抄』には、「艮《うしとら》みさきは恐しや」と記《しる》され、すでに平安時代末には、「丑寅みさき＝温羅の精霊の恐ろしさ（鬼門《きもん》を守る恐ろしい鬼神）」は、世に知られていたことになる。神事そのものが記録されたのは、室町時代のことだ。江戸時代になっても、評判は全国に知れ渡っていたようで、明和《めいわ》五年（一七六八）に成立した読本『雨月物語《うげつものがたり》』も、「吉備津の釜」を採りあげている。吉備津の釜にまつわる部分は、以下の話だ。

吉備国賀夜郡庭妹《かやのこおりにいせ》の里に井沢庄太夫《いざわしょうだゆう》という人物がいた。祖父は播磨《はりま》の赤松《あかまつ》氏に仕えていたが、嘉吉《かきつ》元年（一四四一）に勃発《ぼっぱつ》した乱の時、この地に移ってきて、三代にわたって畑を耕し、豊かな暮らしを送っていた。ところが一人息子の正太郎《しょうたろう》は、百姓仕事を嫌い、酒と女色《じょしょく》に溺《おぼ》れていた。そこで、良家の美しい女人を探し出し、嫁を取らせようと考え、国中に求めたところ、仲人《なこうど》が現れ、吉備津神社の神主《かんぬし》の香央造酒《かさだみき》の娘を薦《すす》めてきた。両家ともに良縁と喜び、婚儀《こんぎ》の用意をした。

幸いを神に祈るためといい、巫子《かんなぎ》（巫女）や祝部《はふり》を集めて湯をたてて神に奉《たてまつ》った。そもそも当社に祈誓する人は、数々の祓《はら》えもの（供物《くもつ》）を供《そな》えて湯を奉り、吉祥凶祥《よきさがあしきさが》を占う。祝詞《のりと》をあげ、湯が沸きあがると、吉兆《きっちょう》には釜の鳴る声は牛が吠えるようだ。凶兆《きょうちょう》の時は釜に音はない。これを吉備津の御釜祓《みかまはらい》という。香央《かさだ》家のことは、神が受け付けなかったのか、ただ秋の虫の草むらに鳴くばかりの声もしなかった。

つまり、両家の親たちは良縁と思っていたのだが、神は「凶」とみたわけである。

このように、吉備津の釜それ自体が、全国的に知れ渡っていたのだ。吉備津彦命と温羅にまつわる伝説は桃太郎とそっくりではないが、ここから物語が派生したことは、十分感じとることができる。

温羅伝説の舞台を歩く

温羅伝説の舞台は、吉備津神社周辺に集まっている。温羅は、吉備の風土の中に、溶けこんでいるのである。「温羅伝説巡り」は、歴史好きにはたまらなく魅力的な旅になること請け合いだ。

吉備津神社はもちろんのこと、必ず足を向けたいのは、吉備津神社の北西側、吉備高原（岡山県の三分の二の面積を占める標高二〇〇〜六〇〇メートルの高原状の山地）の南のへり、総社平野が一望のもとに見渡せる鬼ノ城《きのじょう》（岡山県総社市奥坂《おくさか》。鬼城山《きのじょうざん》山城）だ。阿曽郷にも近く、温羅は、ここに住んでいたという。

古墳時代の海岸線はもっと間近に迫っていて、鬼ノ城近隣の平野部は海だった。たとえば、吉備津神社の長い廻廊《かいろう》の下は、船着場だったという。

鬼城山はほぼ台形になっていて、山の八合目〜九合目の一周二・八キロを列石《れっせき》が囲んでいるのだが、そのヘリにたたずめば、そこかしこに小さな丘が見える。昔はそれぞれが小島だったのだ。中山（鯉山）も吉備津神社も鬼ノ城も、多島海《たとうかい》に浮かぶ幻影のようだったのかもしれない。

あまり知られていないが、鬼ノ城からの眺めは、ちょっとした景勝地といっても過言ではない。無理をしてでも、行ってみる価値はある。ただし、交通の便の悪さが玉《たま》に瑕《きず》だ。

JR吉備線服部《はっとり》駅から約五キロメートル。

レンタカーという手もあるが、カーナビに「鬼ノ城」と入力すると、おそらくゴルフ場

鬼城山に実物大で復元された鬼ノ城西門

山頂の周囲を石垣による城壁が囲む

に連れて行かれる。鬼城山ビジターセンターの電話番号（〇八六六—九九—八五六六。ちなみに郵便番号と住所は、以下の通り。郵便番号七一九—一一〇五 総社市黒尾《くろお》一一〇一—二）を入力したほうが、手っ取り早いと思う。あるいは、「砂川公園《すながわこうえん》」を指定して、公園を通り過ぎ、そのまま道なりに進めば、鬼ノ城にたどり着く。

鬼城山の標高は四百メートルで、鬼ノ城は巨大な山城《やましろ》だ。見つかった須恵器甕《すえきかめ》が、七世紀後半から八世紀後半にかけてのもので、そのなかでも、七世紀末から八世紀初頭にかけてが多い。そのこともあって、築造は七世紀後半のことと考えられている。

中大兄皇子《なかのおおえのみこ》が白村江《はくすきのえ》の戦《たたかい》（六六三）に敗れ、唐《とう》と新羅《しらぎ》の連合軍の来襲《らいしゅう》を恐れ、あわてて築いた朝鮮式《ちょうせんしき》山城なのだろう。なぜ朝鮮式なのかといえば、滅亡した百済から大勢の移民が逃げてきて、技術を提供し、それこそ生き残りのために、必死に城造りに邁進《まいしん》したのだろう。幸い、新羅が唐に反旗《はんき》を翻《ひるがえ》してくれたおかげで、中大兄皇子と百済遺民《いみん》は命拾いをしたのだった。

あるいは、温羅が百済とつながっていったのは、ここに百済系遺民が大量に流れ込んで来たからなのかもしれない。

列石の上には、幅七メートル、高さ（推定）六メートルの版築土塁《はんちくどるい》が築かれ、要所要所に、石垣の城壁《じょうへき》が築かれた。また、土塁や石垣を維持するために必要な排水施設（水門）が六ヶ所に築かれている。

広さは三〇ヘクタール。東西南北それぞれに、城門を備えている。東京ドーム六・四個分ということになるが、一周してみると、「もっと大きいのではないか」と思わせるほど、巨大な空中城郭《じょうかく》であり、想像を超えた「名所」といえる。

西門は復元され、また古代の版築工法を駆使した城壁も復原された。古代の技術力に、圧倒される。

ちなみに、吉備の山城といえば、鬼ノ城だけではなく、二十三キロほど東側に、大廻り《おおめぐ》小廻り《こめぐ》が存在するのだが、鬼ノ城が名高いのは、鬼伝説（温羅）が、残ったからだろう。さらに余談ながら、戦国時代、鬼ノ城が城として利用されていた記録がある（『中国兵乱《ちゅうごくへいらん》記《き》』）。

また、鬼ノ城の手前五百メートルほどの場所に、鉄の釜があって（直径一・八メートル、深さ一・四メートル）、「鬼の釜」と呼ばれている。鬼（温羅）が、生贄《いけにえ》をゆでた釜だそうだ。おぞましや……（実際には、鎌倉時代の僧・重源《ちょうげん》が、人びとに提供した湯釜だったようだ）。

それから、鬼ノ城見学を終えたら、さらにつづきがある。坂道をさらに車で登って行くと、鬼の住処《すみか》が鬼ノ城から北北西に三キロほどの場所にある。奇岩《きがん》、巨岩《きよがん》が目白押しで、いかにも鬼伝説の地に相応《ふさわ》しい観光地だが、平安時代末期に山岳仏教《さんがくぶっきょう》の聖地として名を馳《は》せた岩屋寺《いわやじ》の境内《けいだい》で、最盛期には三十八坊あった。走り回る修験者《しゆげんじや》たちの姿が、目に浮かぶようだ。

吉備と金属冶金《やきん》

それにしても、なぜ吉備津神社の周辺は、鬼の伝承で溢《あふ》れているのだろう。ひとつの理由に、吉備で金属冶金が盛んに行なわれ、鋳物師《いもじ》が活躍し、さらに砂鉄《さてつ》の産地だったからではあるまいか。たとえば「備中鍬《びっちゆうぐわ》」は、中世農村に広く行きわたっていた。これは、阿曽郷の鋳物師が造っていたようだ。

このあと触れるように、古来、金属冶金にかかわる者は、鬼とみなされていた。桃太郎が退治した鬼も、同類かもしれない。そこで吉備と鉄のつながりに注目しておこう。総社市では、奥坂遺跡群、西団地内遺跡群、青谷川《あおやがわ》製鉄関連遺跡などが見つかっている。六世紀後半〜八世紀前半にかけての製鉄遺跡である。

温羅伝説と鋳物師が、深く関わってもいる。吉備津神社の所蔵する永正《えいしょう》十七年（一五二〇）と刻《きざ》まれた銅鐘《どうしょう》があって、これは阿曽郷の鋳物師が造ったものだ。さらに、『吉備津神社文書《ぶんしょ》』には、大永《だいえい》五年（一五二五）阿曽の鋳物師が五升《ごしょう》鍋を毎年吉備津神社に奉《ほう》納《のう》していることが記され、その見返りに、吉備国内の吉備津神社の信仰領域《しんこうりょういき》で持ち続けてきた金属器《きんぞくき》の製造と販売の特権を認められていた、とある。

くり返すが、採鉱《さいこう》や製鉄、鍛冶《かじ》、山の民ら、金属冶金にかかわる人間が、古来鬼あつかいされ、虐《しいた》げられ、蔑視《べっし》されてきたことは、つとに名高い。ならばその理由は、どこにあるのだろう。

鍛冶工人《こうじん》の祖神《そしん》は天目一箇神《あめのまひとつのかみ》と呼ばれ「片目を失った神」と考えられている。これはなぜかと言えば、製鉄の民がよく失明したからにほかならない。製鉄炉《せいてつろ》の温度を知るために炎《ほのお》の色を片目で見続けるため、目を悪くするのだ。しかも、人里離れた山中で特殊技術を駆使した産鉄民は、里の人びとに恐れられ、差別されたのである。

製鉄の民だけではない。農地に定住せず、朝廷に税を納めない人びとは、蔑《さげす》まれていくようになる。たとえば芸能の民、商人、職人、工人たちで、阿曽郷の鋳物師たちももちろん、差別される人びとだった。

これは余談だが、差別の発生のひとつの理由に、「免税《めんぜい》」があるのかもしれない。

京都の八瀬《やせ》（京都市左京区《さきょうく》）には八瀬童子《やせどうじ》と呼ばれる人が住み、古くから鬼であることを誇ってきた。秋元《あきもと》神社の祭礼《さいれい》では、八瀬赦免地踊《しゃめんちおど》りがとりおこなわれるが、このなかで八瀬の一帯は年貢《ねんぐ》が免除されてきたことを高らかに歌い上げている。きっかけは後醍醐天皇《ごだいごてんのう》の警護《けいご》に活躍したことで、功績が認められ、年貢免除の綸旨《りんじ》を賜《たまわ》ったのだった。このような例は八瀬に限らない。芸能の民、商人ら、農地を持たない者から税を取り立てることは容易ではなく、また差別される人びとは天皇と結びつくことによって、いろいろな特権を勝ち得ていたのだ。

田畑を耕し、農地に定住し、重税に苦しむ人びとからみれば、免税や通行の自由などの特権を勝ち得た人びとを恨む気持ちは強くなっていったのだろう。

差別が先か、特権が先かは、「ニワトリが先か、卵が先か」論争と似ている気がするが、「免税と特権」が差別と大きく関わっていたことは、間違いないだろう。

阿曽郷の人びとも、神社とつながることで多くの特権を勝ち得ていたとすれば、鬼とみなされる要素を備えていたことになる。

そうなってくると、吉備津神社周辺の鬼伝説も、製鉄と鬼、という視点を加味する必要が出てくるのかもしれない。

日本人にとっての神と鬼

ところでこのあと触れるように、弥生時代の日本列島では、鉄や金属器を珍重《ちんちょう》し、奪いあい、また鉄の技術を欲し、手に入れた者は他人には渡すまいと、さまざまなドラマが展開されたのだ。つまり、鉄はみなの憧れであり、また弥生時代は、金属器が祭器《さいき》となって珍重されたのだ。それならばなぜ、金属冶金に携《たずさ》わる者が、蔑まれるようになったのだろう。誰もが必要とした鉄を造る人が、なぜ蔑まれていったのだろう。それは免税だけの問題だろうか。

じつを言うと、もともと聖なる者であった産鉄民が、次第に零落し、蔑視され鬼あつかいされるように変化していったようなのだ。なぜそのようなことが起きていたのか、桃太郎とはまったく関わりがないようにみえて、密接につながってくるので、ここで少し話は別の方向に進んでいくこととなる。

産鉄民の不思議を知るために、ここで「鬼と神」について、少し触れておきたい。日本人の信仰を巡る話だ。

キリスト教は、唯一《ゆいいつ》絶対の神を崇《あが》める。「悪魔」は正義の神とは相容《あいい》れず正反対の存在だ。しかし日本では、「神と鬼は表裏一体《ひょうりいったい》」と考えられてきた。

どういうことか、簡単に説明しておこう。

まず、太古《たいこ》の日本列島の住民は、木や石、ありとあらゆる「物」に精霊は宿ると信じてきた。これがアニミズムで、宿る精霊が人格化され神となると、これが多神教《たしんきょう》へと発展していく。八百万《やおよろず》、八十万《やそよろず》の神々という言葉を聞かれたことがあると思うが、物に宿る神々は、無限大に存在するのであって、また日本人が葬式をお寺で、結婚式をキリスト教会で、神頼《かみだの》みを神社でするように、宗派や信仰形態に無頓着《むとんちゃく》だが、その根源を探っていくと、「神々はあちらこちらにいらっしゃる」という発想に行き着く。仏教伝来後、神道《しんとう》と仏教が共存していったのは、「仏陀《ぶっだ》もその他大勢の神の中のひとつ」と考えたからだろう。

問題は、そんな日本人にとっての神とは、どのような性質を持っていたのか、ということだ。ここに、日本の風土が深く関わっていた。

まず、日本列島は四季がうつろう美しい自然に囲まれ、また周囲が海だから、新鮮な海の幸《さち》に恵まれていた。その反面、火山の爆発や台風、洪水、地震など、天変地異《てんぺんちい》に見舞われる土地でもあった。だから日本列島で暮らす人びとは、つねに「大自然の猛威《もうい》」に怯《おび》え、災難から免《まぬが》れようと必死に「祈った」のだ。この「祈る対象」は「大自然」であり、それが「神」の正体だった。つまり、日本人にとっての最初の「神」とは、「恐ろしい、暴れ回る大自然」なのだった。

いかに神におとなしくしていただくか、それが、祭りの本質であり、そもそも日本人にとっての「神」は、祟る恐ろしい存在（鬼）だったのだ。

「祟り」というと、史学者の多くは、八世紀以降に中国から思想が伝わったといい、それ以前の「祟りに対する恐怖」など、あり得なかったと解釈する。しかしこれは、大きな誤りだ。くどいようだが、日本人にとっての神は、恐ろしい存在（鬼）で、この恐ろしい神をなだめすかせば、逆に恵みをもたらすありがたい神に変身するのだった。「神と鬼が表裏一体」という意味が、ここに隠されていた。そもそも日本人にとって、神そのものが祟る存在だったのである。

そこで改めて金属冶金と差別の話にもどると、本来神と崇められていた人たちは、政争《せいそう》に敗れ零落してしまったのだ。具体的《ぐたいてき》にいうと、これは七世紀から九世紀のことだ。そして神器《じんぎ》として珍重された金属に携わる工人たちがやがて聖なる者の地位から滑落《かつらく》し、鬼あつかいされるようになったのだろう。

ヤマトタケルの鬼退治

神と鬼の関係にこだわってみたのは、この信仰形態が理解できないと、鬼退治説話の裏側が見えてこないからだ。日本人にとって神が、恐ろしい存在であることが、ミソなのである。

そしてもうひとつこだわっておきたいのは、鬼と童子《どうじ》の関係だ。

桃太郎や一寸法師《いっすんぼうし》がそうだったように、昔話の中で、鬼退治をするのは、なぜか童子(子供)だった。桃太郎は「童子でありながら鬼と同等の怪力《かいりき》の持ち主」であった。英雄が童子だったのは、子供に面白おかしく聞かせるための工夫《くふう》ではない。鬼を退治する者は童子と決まっていたのだ。あとで再び触れるが、聖徳太子《しょうとくたいし》も子供の格好で鬼退治をしている。

歴史上の人物で、やはり「童子」であることを強調して鬼のような恐ろしい人びとを退治したという話が『日本書紀』に載っている。それが、ヤマトタケル（第十二代景行《けいこう》天皇の子・日本武尊《やまとたけるのみこと》、倭建命《やまとたけるのみこと》）のクマソタケル（熊曾建《くまそたける》）退治なのである。

昔話の要素は、ヤマトタケルの説話の中に盛り込まれていて、お伽話の原型はすでに完成していたと思えてくる。

ヤマトタケルは、東国を平定し、病に冒《おか》され、ヤマト帰還を夢みながら能褒野《のぼの》（三重県《みえけん》亀山《かめやま》市と鈴鹿《すずか》市の一帯）で亡くなられた悲劇の人だ。このイメージは間違っていないのだが、前半生のヤマトタケルは、けっして正義の英雄ではない。

ヤマトタケルは父・景行天皇からクマソ（熊曾）征討《せいとう》を命じられるが、その理由は、ヤマトタケルが勇ましく、頼りになったからではない。不気味で、何をしでかすかわからないから、放逐《ほうちく》されたのだ。

いきさつを説明しておこう。

景行天皇はある日、ヤマトタケルの双子《ふたご》の兄・大碓命《おおうすのみこと》が食膳《しょくぜん》に参上《さんじょう》しないことを不審に思い、小碓命《おうすのみこと》（これがヤマトタケルの最初の名）に、様子を見に行かせた。すると小碓命は、厠《かわせ》で兄を待ち伏せし、明け方やってきたところを捕らえ、押しつぶし、手足をもぎ取って、薦《こも》に包んで投げ捨ててしまった（バラバラ殺人だ!!）。これを聞いた景行天皇は、荒々しい心を恐れ、クマソ征討を命じたのだ。

小碓命は叔母《おば》・倭姫命《やまとひめのみこと》の御衣《みけし》と御裳《みも》をもらい受け、剣を懐《ふところ》に入れて九州に向かった。

ヤマトタケルは川上梟帥《かわかみのたける》（クマソ）が酒宴《しゆえん》を行なうというので、髪を解き童女《どうじよ》の姿になって（女装したわけだ）、紛《まぎ》れ込《こ》んだ。川上梟帥が油断したところで、胸を刺した。ヤマトタケルは名を尋ねられたので「日本童男《やまとおぐな》」と答えた。するとクマソタケルは、「西の方には、私たちよりも強い者はおりません。ヤマトにはいらっしゃったのですね」と言い、ヤマトタケルに「日本武皇子《やまとたけるのみこ》と名乗られますように」と申し上げた（だから正確には、ここでヤマトタケルの名が誕生したのだ）。ヤマトタケルは、こうして胸に刺さった剣を突き通して、川上梟帥を殺したのである。

この場面、『古事記《こじき》』には、尻から剣を刺し入れ、熟した瓜《うり》を切り刻むようにして（ミンチにしたということだ）殺したとある。どう考えても、英雄のやることではない。

ヤマトタケルの吉備人脈

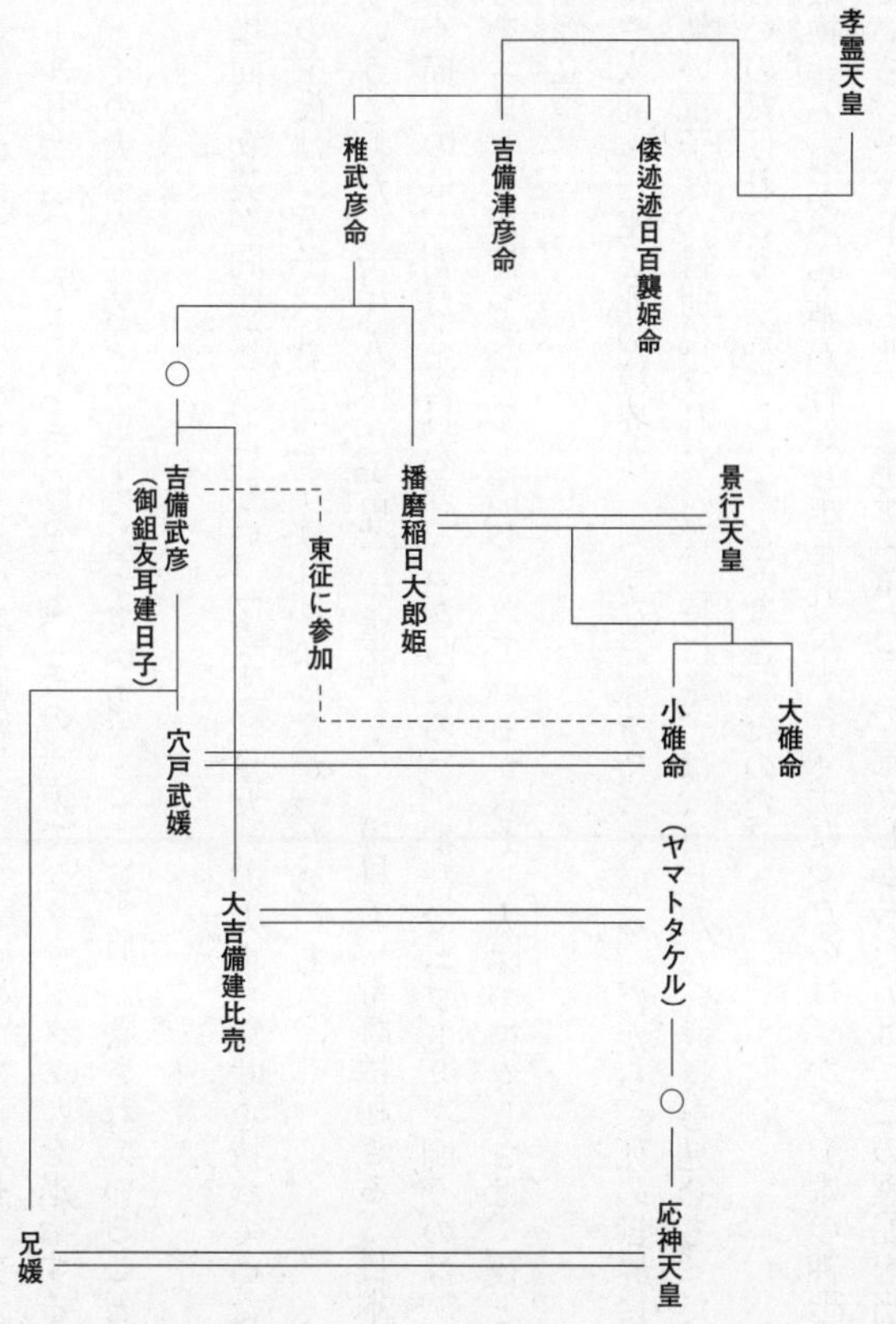

『日本書紀』がヤマトタケルを指して「容貌魁偉《ようぼうかいい》（大きく立派）」で「身長一丈（三・〇三メートル!!）」だったといっていること、その一方で、クマソタケルを退治するときに限って、その大男が女装する童子になっている。ここに矛盾《むじゅん》が隠されていることは間違いない。

この場面、女装が問題なのではない。「童子」「童女」が大事な意味を持っていたのだ。鬼退治の主役は、童子（童女）でなければならなかったのである。

こういうことだ。古代人は「境界《きょうかい》」を重視した。境目で、奇跡は起きる。日本人が太陽を赤く描くのは、朝日と夕日を愛でるからだろう。神社でニワトリを飼うのは、朝日を呼ぶ力をニワトリが持っていると信じられているからで、太陽の神々《こうごう》しさは、夜と昼の境界上で際立《きわだ》つ。

動物や人間も、生と死の境界が、大きな意味を持っている。だから、死の世界に近い老人と、幼い童子は、特別視されたのだ。特に童子は、信じがたい成長を見せる。だから、神々しいのだけれども、荒々しい者とみなされたのだ。

『竹取物語《たけとりものがたり》』のかぐや姫が竹から生まれた小さな子だったのは、かぐや姫の神聖性《しんせいせい》を物語っている。ヤマトタケルが「童子（童女）」で荒々しかったのは、この理屈を当てはめれば、謎はなくなる。そして、鬼のように恐ろしい存在に立ち向かえるのは、鬼のような生命力を持っている童子でなければならなかったのである。

ただし、ここで誤解がないように付け加えておかなければならないのは、童子が退治する鬼も、実際には「神」だったことで、「祟る恐ろしい神」が「鬼」なのだった。だからこそ、ヤマトタケルはわざわざ（念には念を入れて）女装したことになる。祟る神や鬼を鎮めるには、童子か巫女が必要だったのだ。

元興寺《がんごうじ》は鬼の寺

鬼と童子の関係がよくわかるのは、元興寺（奈良市中院町《ちゅういんちょう》）ではなかろうか。元興寺は童子と鬼の寺である。

「ガゴジ」「ガゴゼ」は鬼のことで、「ガンゴウジ」が訛《なま》って、「ガゴジ」「ガゴゼ」になった。奈良県だけではなく、子供が悪さをすると、「ガゴジが来る」と脅《おど》す風習は、日本各地に伝播《でんぱ》していたようで、『広辞苑《こうじえん》』（岩波書店）にも、記載されている（もちろん方言としてではなく）。ならばなぜ、「ガゴジ」「ガゴゼ」が鬼なのかというと、『日本霊異記《にほんりょういき》』

の説話のあらすじを追ってみよう。

元興寺で売られている元興神絵馬《がごぜえま》には、次のような説明書きが添えられている。

その昔、元興寺の鐘楼《しょうろう》に悪霊《あくりょう》の変化《へんげ》である鬼が出て、都の人達を随分こわがらせたことがあります。その頃、尾張《おわり》国から雷の申《もう》し子《ご》である大力の童子が入寺し、この鬼の髪毛をはぎとって退治したという有名な説話があります。

この話から、邪悪《じゃあく》な鬼を退治する雷を神格化して、八雷神とか元興神《がごぜ》と称《しょう》することになり、鬼のような姿で表現するようになりました。元興寺にまつわる鬼のことはガゴゼとか、ガゴジとか、ガンゴなどの発音で呼ばれ、日本全国にも伝わっているようです。

ここで無視できないのは、「元興寺の鬼」が、退治された鬼ではなく、退治した童子だったことなのである。

そこで、『日本霊異記』の詳しい話を見ていこう。

敏達《びだつ》天皇の時代のことだ。尾張国阿育知郡《あゆちのこおり》（愛知県名古屋市中区《なごやしなかく》）にひとりの農夫がいた。ある時、田に雷が落ち、力持ちの雷神《らいじん》の子と暮らすことになった。

その後、雷神の子は、元興寺の童子となった。ある時、この寺の鐘つき堂に毎晩死人が出るという事件が起きた。そこで童子は、災《わざわ》いを取り除こうと立ち上がる。童子は鬼を捕まえ、引っ張り回すと、鬼の髪の毛も抜け落ち、逃げていったという。鬼の正体は、悪さをして埋められてしまった寺の奴《やっこ》ということもわかった。鬼は、奴の悪霊だったという。


まだもう少し、話は続くのだが、ガゴジの正体を知るためには、これだけで十分だ。

さて、現代人的発想から言えば、ここに登場する童子と鬼を見比べれば、「そうか、悪霊の鬼がガゴジなのだな」と考えてしまう。しかし、「ガゴジ」「ガゴゼ」は、鬼を退治した正義の味方＝童子の方を指している。

もちろん、ここまで読み進められてきた賢明な読者には、「そんなのあたりまえ」と、わかっていただけるだろう。

恐ろしい鬼を退治できるのは、鬼のような力を持った童子でなければならず、しかもその童子は、神のような存在であり、神とは鬼でもあったということである。

そしてここに、「童子＝小《ち》さ子」と鬼退治の典型的な例を、みた思いがする。桃太郎説話は、このような古代から伝わる日本人の信仰、習俗《しゅうぞく》の延長線上にあったことは、間違いないのである。

そして、八世紀に『日本書紀』が編纂されると、「神VS鬼」、「正義の神VS悪の鬼」に峻別《しゅんべつ》され、勧善懲悪《かんぜんちょうあく》の図式が生まれてしまったのである。

ずいぶんと遠回りをしてしまった。ようするに、桃太郎が童子で、なぜ鬼退治ができたかというと、そもそも鬼を退治するのは童子と相場が決まっていたからなのである。

活躍を抹殺されていた吉備

昔話桃太郎の舞台は吉備で、この一帯には、桃太郎説話の原型ともいうべき温羅伝説が残されていたのである。

そこで、桃太郎のモデルと目される吉備津彦命の正体を知りたくなるところだ。ただし、その前に確認しておかなければならないことがある。それは、現実の「吉備」の活躍が、抹殺されてしまっていることだ。ヤマト建国に吉備が大活躍していたはずなのに、

『日本書紀』はまったく無視してしまっている。この謎を放置したままでは、桃太郎の真相を解き明かすことはできない。

ヤマト建国の歴史に吉備が登場しないことに、史学者はこれまで無頓着だった。『日本書紀』を編纂した八世紀の人びとは、三世紀から四世紀の歴史をほとんど知らなかったという考えが支配的だったからだ。

しかしそれは、われわれの勝手な思い込みなのだ。他の拙著《せっちょ》の中で述べてきたように、『日本書紀』は、ヤマト建国の詳細を知っていて、熟知していたからこそ、歴史を改竄《かいざん》し、都合の悪い事実を抹殺してしまったのである。

それはなぜかと言えば、『日本書紀』編纂時の権力者が藤原不比等《ふじわらのふひと》で、藤原不比等の父親・中臣鎌足《なかとみのかまたり》が蘇我入鹿《そがのいるか》を殺して藤原氏繁栄のきっかけを作ったこと、藤原不比等は中臣鎌足を顕彰《けんしょう》するために、本当は改革派だった蘇我氏を大悪人に仕立て上げようとしたのだ。そのために大きな嘘をつき、その嘘が連鎖反応《れんさはんのう》を起こして、ヤマト建国まで誤魔化さなければ、藤原氏の正義は証明できなくなってしまったのである。

なぜなら、蘇我氏こそ、ヤマト建国時から続く由緒正しい氏族《しぞく》だったのであり、藤原不比等は、この事実を抹殺する必要に迫られたわけである（拙著『蘇我氏の正体』新潮文庫)。

そして、『日本書紀』編者《へんじゃ》はひとつの歴史(ヤマト建国)を初代神武《じんむ》、第十代崇神、第十五代応神天皇の三つの時代に振り分けて記録してしまったのだ。

その一方で、『日本書紀』はそこかしこに、ヤマト建国の歴史の痕跡《こんせき》をちりばめている。このあと、例をいくつか挙げるが、『日本書紀』の「三つに分解されてしまった歴史」の説話の中に、「ヤマト建国の考古学」と合致《がっち》する部分が少なくない。やはり、『日本書紀』編者は、ヤマト建国の詳細を熟知していたのである。

そして、吉備がヤマト建国に大活躍していたことも考古学は突きとめているのだが、なぜか『日本書紀』は、吉備を無視している。その証拠に、「古代史で名の知れた吉備出身の政治家は誰か」と問われれば、古代史好きの人でも、「吉備真備《きびのまきび》ぐらいか……」と、考え込んでしまうだろう。事実、これ以外に、吉備出身の英傑《えいけつ》は、知られていない。吉備の「大きさ」から考えて、これはとても不思議なことなのだ。

ちなみに吉備(下道《しもつみち》)真備は備中国下道郡出身で、遣唐使《けんとうし》の一員として留学し、天平《てんぴょう》七年(七三五)に帰国すると才能を開花させ、東大寺を建立《こんりゅう》した聖武《しょうむ》天皇に抜擢《ばってき》された人物だ。地方出身の官人《かんじん》としては異例の出世を遂《と》げ(最終的には右大臣《うだいじん》まで昇っている)、藤原氏と対等に渡り合った人物として知られる。

巨大古墳を造営した吉備の首長

『日本書紀』や『古事記』の「北部九州から神武天皇が東征《とうせい》してヤマトは建国された」という記事や騎馬民族日本征服説のイメージが強烈に焼き付いているから、ヤマト建国といえば、北部九州の大勢力が東に移動してヤマトを建国したと信じている方が少なくない。また神武東征説話の中で、吉備は、その中継ポイント、立ち寄り長期逗留《ちょうきとうりゅう》した場所という位置づけでしかない。

それに、ヤマト建国を巡る論争の中で、注目を集めるのは、邪馬台国や出雲であって、これまで吉備はほとんど注目されてこなかった。それもこれも、『日本書紀』が吉備を無視してしまったからだ。いや、無視というよりも、抹殺と言った方が正しい。

しかし、吉備の実力を侮《あなど》ることはできない。とくに五世紀前半、吉備はヤマトの王家を圧倒するほどの富を蓄えていたようだ。その様子がはっきりとわかるのが、吉備の前方後円墳なのである。

吉備を代表する前方後円墳といえば、五世紀前半の造山古墳《つくりやまこふん》（岡山県岡山市北区新庄下《しんじょうしも》）と作山古墳《つくりやま》（総社市三須《みす》）だ。日本全国の歴代前方後円墳の中で、第四位と九位の規模を誇る。全長はそれぞれ、三五〇メートルと二八五メートルである。

造山古墳の墳頂部《ふんちょうぶ》を円筒埴輪《えんとうはにわ》が囲み、精巧な家形《いえがた》、盾形《たてがた》、蓋形埴輪《きぬがさがたはにわ》などの器台埴輪が並んでいた。しかも吉備ではこの時代、二つの前方後円墳以外に、一〇〇メートルを超える前方後円墳は見当たらず、それどころか、それまで小規模の前方後円墳を造ってきた中小部族の長は、方墳《ほうふん》を造り武具を副葬《ふくそう》するようになっていた。ここに、吉備の強い王を頂点としたピラミッド型の中央集権的な体制が出来《しゅったい》していた可能性もでてきたのである。

二つの古墳の規模は、天皇陵をふくめて、全国でベスト一〇入りしている。これも驚きだが、もっとびっくりさせられるのは、造山古墳が造営されたほぼ同時代に造られたヤマトの前方後円墳（大王の墓だろう）の全長が、三六五メートルで、ほとんど大きさが同じだったことだ。誤差《ごさ》程度のちがいである。

それまでの天皇陵で最大のものは、渋谷向山古墳《しぶたにむかいやま》（伝景行天皇陵）の全長三〇〇メートルだったから、吉備の勢いを感じずにはいられないのである。

古墳の大きさだけで判断するならば、ヤマトの大王は吉備の首長に追い上げられたよう

岡山市の造山古墳

な形だ。吉備の首長にすれば、「本来なら、もっと大きい古墳を造ることもできるが、ヤマトの大王（天皇）に遠慮しておこうではないか」という、素振《そぶ》りが見え隠れする。悪くいえば、傲慢《ごうまん》、不遜《ふそん》だが、それは、ヤマトの大王側からの言い分であり、「あえて王様よりも小さいものにしました」と吉備の首長の「大人の対応」と捉《とら》えることも可能である。

ちなみに、造山古墳と今比較しているヤマト（畿内《きない》）の古墳は全国第三位の石津《いしづ》ヶ丘《おか》古墳（伝履中《りちゅう》天皇陵）であり、このあと、全国第一位と第二位になる大仙陵《だいせんりょう》古墳《こふん》（仁徳天皇陵。大阪《おおさか》府《ふ》堺《さかい》市）と誉田《こんだ》御《ご》廟《びょう》山《やま》古墳《こふん》（応神天皇陵。大阪府羽曳野《はびきの》市）の超巨大古墳（航空写真なら全体像を把握できるが、地上でながめると、山にしか見えない）が畿内で造営される。それぞれの全長は、四八六メートルと四二五メートルで、まるで吉備の大古墳に対抗するかのような大きさではないか。この時期、吉備とヤマトは、それこそ覇《は》を競《きそ》っていたようなところがある。それほど、吉備の存在感は際立っていたのである。

ところがここから、事態は急変する。

『日本書紀』は、五世紀後半の吉備の反乱を記録している。その様子はのちに詳しく触れるが、考古学は、五世紀後半の吉備の体制変化となだらかな衰退傾向を証明している。このころ造営された両宮山《りょうぐうざん》古墳（赤磐《あかいわ》市穂崎《ほさき》）は、全長一九二メートルに縮小してしまった。同時代のヤマトの誉田御廟山古墳の陪塚《ばいちょう》（従者や近親者の墓）よりも三〇メートル小さいという体《てい》たらくである。

けれども、四世紀から五世紀前半の吉備は輝いていたし、三世紀から四世紀にかけて、吉備はヤマト建国に貢献していたことがわかってきている。

ヤマト建国の歴史など、桃太郎伝説とはまったく関わりがないと思われるかもしれない。しかし、歴史に断絶はなく、日本の歴史の根幹がわからなければ、数々の謎を解き明かすことはできない。吉備と桃太郎の謎を解くためにも、ヤマト建国の歴史をふり返ってみよう。

ヤマト建国と戦乱の収拾

考古学が明らかにしたヤマト建国のあらましを、ここで確認しておこう。

弥生時代後半の西日本は、いくつもの文化圏、勢力圏に分かれていた。大雑把に分けてしまえば、北部九州から瀬戸内海西部がひとつ、さらに、畿内がひとつ、それに、出雲と吉備ということになる。

弥生時代を通じてもっとも繁栄していたのは北部九州で、朝鮮半島にもっとも近く、先進の文物を真っ先に手に入れることができた。また、有明海《ありあけかい》から九州西岸の多島海を南下し、南西諸島《なんせいしょとう》を伝っていけば、中国の南朝《なんちょう》とも通じることができたのである。地の利を生かして北部九州は富を蓄えていった。鉄器の保有量で他地域を圧倒していたのだった。意外かもしれないが、この時期のヤマトは、鉄器の過疎《かそ》地帯といっても過言ではなかった。

ところが、次第に北部九州の優位性は崩れていく。まず出雲で鉄器が増え、さらに吉備に、丹後《たんご》、北陸に、鉄器がまわっていく。そして、三世紀初頭、なぜか、奈良盆地の東南部、三輪山《みわやま》山麓の扇状地《せんじょうち》に、政治と宗教に特化された都市が忽然《こつぜん》と姿を現した。これが、纏向《まきむく》遺跡である。

不思議なことだが、纏向には多くの地域から人びとが集まってきた。東海、近江《おうみ》、北陸、出雲、吉備、播磨などで、纏向に各地の土器が集まっていたのだ。

土器だけではなく、埋葬文化も、複数の地域のものがヤマトに集められ、新たな文化、様式が生まれた。これが前方後円墳で、墳丘《ふんきゅう》上で先代の首長霊《しゅちょうれい》を継承するという祭祀《さいし》が執《と》り行われるようになった。四世紀になると、この斬新な埋葬文化、祭祀形態が各地で受け入れられ、前方後円墳という共通の埋葬文化を通じて、ゆるやかな紐帯《ちゅうたい》、連合が形成されていった。もちろん、墳丘の規模は、ヤマトの大王のものが一番大きいという秩序とヒエラルキーが完成していた。

また、北部九州がヤマトの体制に参加したのは、吉備や出雲よりも遅かった。しかも、ヤマトの新体制に与えた影響力も、限定的だった。

さらに興味深いのは、ヤマト建国後、出雲が没落《ぼつらく》していたことが考古学的にはっきりとわかっていることだ。まるで神話《しんわ》の出雲の国譲りが現実に起きていたのではないかと思わせるのである。

ところで、ヤマト建国は、不思議な出来事だった。魔法を使ったかのように、それまでの争乱状態に終止符がうたれたからだ。

まず、ヤマト建国以前の弥生時代といえば、稲作や金属器がもたらされ大いに発展した時代として知られているが、その一方でたいへん物騒な時代だった。生活に不便な場所に防御性を重視した高地性集落《こうちせいしゅうらく》が各地に無数に築かれ、集落ごとの紛争が絶えなかったようだ。

むしろこれは当然のことと思われる。人類が戦争を始めたのは、農業を選択したからだという有力な説があって、日本にもこの仮説があてはまる。土地を開墾《かいこん》し、必要以上の食料を手に入れ、人口爆発を起こすと、貪欲に土地と水を手に入れようと必死になり、勢いあまって、隣人と争い殺し合う。

積極的に農業を行なわなかった縄文《じょうもん》時代は、人口爆発を起こさなかったが、組織的な戦闘も起きなかったのである。

『魏志倭人伝《ぎしわじんでん》』も、二世紀の倭国《わこく》が大乱《たいらん》の中にあったことを記録している。

ところが、三世紀初頭に纏向に各地の人びとが集まり、ヤマト建国によって新たな秩序が生まれると、混乱と殺傷の歴史に、いったん幕が閉じられたのである。

これは、不思議な出来事といって良いのではあるまいか。誰か強い王がヤマトを征服し、乱を収めたわけではなかった。この点、神武東征説話は、じつに怪しいといわざるを得ない。各地の首長がヤマトに集まってきて、知恵を出し合って、混乱を収拾していた可能性が高いのである。

出雲国譲《いずものくにゆず》りは本当にあった?

もちろん、『日本書紀』は、この間の正確な歴史を綴《つづ》っていない。ただし、そこかしこに、そっくりな情景を描いていることも確かなのだ。

たとえば、神武東征以前、ヤマトには出雲神《いずものかみ》・大物主神《おおものぬしのかみ》が遷《うつ》し祀られ、さらに、饒速日命《にぎはやひのみこと》が天磐船《あまのいわふね》に乗って舞《ま》い下り、先住《せんじゅう》の長髄彦《ながすねびこ》の妹を娶《めと》ってヤマトに君臨していたといい、最後の最後に九州から神武天皇がやってきたと言っている。この話、土器が纏向に集まってくる様子、順番とよく似ている。

さらに、通説は、第十代崇神天皇が実在のヤマトの初代王と考えているが、この天皇の時代に各地に将軍が遣わされ、国が定まったと記される。このとき太平洋側と日本海側から東に向かった二人の将軍は、東北南部で落合《おちあ》い、そのため「相津《あいづ》」の地名が生まれた（福島県会津若松市《あいづわかまつ》）というが、四世紀の前方後円墳は、ほぼこの付近まで伝播していた。これは偶然ではあるまい。

出雲といえば、出雲の国譲り神話が名高い。ただし、かつて出雲神話は、絵空事《えそらごと》と考えられていた。山陰《さんいん》地方からめぼしい発掘品がなかったために、神話に記された出雲のような存在そのものが、あるはずがないと決め付けられていたのだ。

ところが三十年ほど前から、山陰地方で盛んに発掘調査が行なわれ、常識を覆《くつがえ》す発見が相次《あいつ》いだ。この結果、弥生時代後期の出雲に、けっして侮れない勢力が実在していたことがはっきりとしてきた。しかも、ヤマト建国後、出雲の中心勢力の集落が、縮小し、衰弱していたこともわかってきたのだ。そしてその後しばらく、出雲では前方後円墳が造られなかった。それはなぜかといえば、ヤマトに「前方後円墳を造る権利」が与えられなかったのか、それとも、出雲がヘソを曲《ま》げて、前方後円墳を造らなかったのかのどちらかだ。おそらく前者だろう。

つまり、出雲の国譲り神話でさえ、何かしらの史実を元に構成されていた可能性が出て来たのだ。『日本書紀』編者は、ヤマト建国の歴史を分解し神話にすることで、真相を闇《やみ》に葬《ほうむ》っていた可能性も高いのである。

少なくとも、『日本書紀』編者は、ヤマト建国にまつわる何かしらの情報を得ていたのだろう。

ではなぜ、鉄器の過疎地帯だったヤマトに、三世紀初頭、各地から人びとが集まってきて、纏向が出現したのだろう。

吉備や桃太郎とはまったく関係ないように見えて、ヤマト建国は重要な意味を持っているため、ここで私見の概略《がいりゃく》だけでも、触れておかねばならない。

ヤマト建国のあらまし

さて、すでに述べたように、弥生時代の最先端地域は北部九州だった。そして、なぜかヤマトには、ほとんど鉄はまわってこなかった。これには理由があったと思う。

北部九州には防衛上のアキレス腱《けん》があったのだ。もし東側の勢力（ヤマトや瀬戸内海、出雲）が筑後川《ちくごがわ》の上流一帯（具体的には大分県日田市《おおいたけんひた》の盆地）を占拠し、玄界灘《げんかいなだ》と筑後川両方から攻め寄せれば、繁栄を誇っていた北部九州は、ひとたまりもなかった。その逆に、もし仮に北部九州がヤマトを攻めるとしたら、盆地西側の生駒山系と葛城山系が巨大な城壁となって立ちはだかる。ヤマトは天然の要害《ようがい》で、西側からの攻撃に頗《すこぶ》る強かった。だから、北部九州は、ヤマトが発展することを恐れたのだろう。

一説に、北部九州勢力は、関門海峡《かんもんかいきょう》を封鎖《ふうさ》し、鉄の流通を遮断《しゃだん》し、さらに出雲と手を組み、日本海側からのヤマトへの鉄のルートも遮《さえぎ》ったのではないかという。その通りだろう。そして出雲は、吉備をも抱き込み、北部九州の「ヤマト封《ふう》じ」に荷担《かたん》した。この結果、出雲や吉備、さらには、出雲と手を組んだ北陸で鉄器の保有量が増えるという現象が出来《しゅったい》したのである（これは、考古学的に確かめられている）。

ところが、ここから思わぬどんでん返しが待っていた。出雲と敵対していたタニハ（丹《たん》波《ば》、但馬《たじま》）の地域が独自のルートを構築《こうちく》し、鉄器を手に入れ、さらに最新の文物を近江や東海（尾張）に流し始めたのだ。すると近江と東海が栄《さか》え、この地域に前方後方墳《ぜんぽうこうほうふん》（前方後円墳ではなく、前も後ろも方形）が誕生した。そして、近江・東海勢力は、いち早くヤマトに乗り込み、前方後方墳を各地に広めようとしたようなのだ。

纏向に集まってきた外来系土器の中で、近江と東海を合わせれば過半数となるのに、これまで近江と東海がほとんど注目されてこなかったのは、『日本書紀』がヤマト建国時の近江と東海について、まったく言及していなかったこと、古代史は「西高東低」という常識があって、「ヤマトは西側がうち建てた」と、誰もが信じていたからだ。

しかし、常識は覆されようとしている……。纏向が盆地の東南部の東国に通じる要衝に存在するのは、ヤマト建国当初の政権が、「東にすぐに逃げられる場所」を選んだからだろう。

近江と東海がヤマトに陣取ったそのインパクトは、強烈だっただろう。事実出雲と吉備は、あわてたようだ。

もしそのまま近江と東海の築いたヤマトが発展すれば、太刀打《たちう》ちできなくなる。流通に制約を加えていたつもりだったのに、日本海側のタニハに穴があいてしまったのだ。

出雲はこの直前、タニハを封じ込めるために、北陸と手を組み、挟《はさ》み撃《う》ちにしていたのだが、タニハは越後《えちご》と手を組み、双方ともに、遠交近攻策《えんこうきんこうさく》を採っていたのだ。しかし、近江と東海が発展しヤマトに乗り込んだ。ここで、出雲と吉備は考え方を改めたようだ。そして一気に、みなヤマトに集まってきた。乗り遅れたのは、かつて鉄器を独り占めにしてふんぞりかえっていた北部九州であった。しかし、最後の最後に、北部九州の沿岸地帯も、ヤマトに靡《なび》いたのだった。

これが、ヤマト建国のあらましである。

ヤマト建国に大いに貢献した吉備

ここでようやく、吉備の話にもどってくる。

タニハの活躍によって、近江、東海が発展し、ヤマト建国の気運は高まった。ここで吉備は、体制を挽回《ばんかい》したようなのだ。

すでに述べたように、ヤマト建国と吉備の関係を、『日本書紀』は何も語っていない。神武天皇が九州からヤマトに向かう途中、吉備国に行館《かりみや》・高島宮《たかしまのみや》（岡山市高島）を建て、三年間住まわれたと記録する。その間に船舶を用意し、武器や食料を整えて、一気呵成《いっきかせい》に天下を掌握《しょうあく》しようと考えていたといい、出航後、難波碕《なにわのみさき》を目指したという（大阪《おおさか》市中央区上町台地《ちゅうおうくうえまちだいち》）。

これは余談だが、この場面で『日本書紀』は、難波《なにわ》の地名説話を掲《かか》げている。それによれば、難波碕に到達すると、波が非常に速かった。そこで浪速国《なみはやのくに》と名付けた。それが訛って難波になったという。

淀川《よどがわ》の河口付近の水の流れが非常に速かったのは、古くは上町台地が半島で、東側の生駒山系の手前に大きな湖《みずうみ》が広がっていたこと、この湖の出口が狭かったために、河口付近が渦《うず》を巻くような急流になっていたのだろう。水の出口が狭いために、河内《かわち》一帯は、水害に悩まされた。

仁徳天皇の時代になると大工事が行なわれ、堀江《ほりえ》（水路）が誕生して、水の出口（流通の道でもある）が新たに設けられた。物部守屋《もののべのもりや》と蘇我馬子《そがのうまこ》の仏教導入を巡る争いの最中、仏像が流された難波の堀江がこれだ。この堀江は大坂城の堀にも活用された。現在の天満《てんま》川《がわ》である。

神武説話のなかで、吉備は神武東征に積極的に参加したわけではない。神武一行が、吉備に長逗留《ながとうりゆう》したに過ぎない。

ところが、考古学は、吉備の重要性を主張している。少し専門的な話になるが、とても大切なところなので、少しの間、辛抱《しんぼう》してほしい。

まず、吉備からヤマトに持ち込まれた土器は、他の地域からもたらされた生活の道具とは異なっていた。墳丘墓の上に並べて行なう祭祀用の土器だったのだ。これが、特殊器台《とくしゆきだい》形土器《がたどき》と、これに載せる特殊壺形土器《つぼがたどき》であり、宗教儀礼と関わるものだったのだ。

このため、吉備の土器は数は少ないが、「吉備そのものが、ヤマトで重要な地位に立っていたのではないか」と考えられるようになった。しかも、前方後円墳の原型も、吉備ですでに完成していたようなのだ。それが、温羅伝説でも登場した楯築弥生墳丘墓で、二世紀の終わりごろ（弥生時代後期後葉）に造られた「双方中円式墳丘墓」だ。弥生墳丘墓の中では、全国一の規模を誇っていた。

古くは、墳丘墓の上に神社（楯築《たてつき》神社）が建っていたが、大正時代に鯉喰《こいくい》神社と合祀《ごうし》された。

「双方中円式墳丘墓」といっても、大きな「?」が浮かぶだけだろう。真ん中が四〇メートルの円形で、左右に方形の「前方部もどき（約二二メートル）」の突出部が二つくっついている。つまり、前方後円墳にもうひとつ四角い出っ張りがくっついたような形で、この片方の出っ張りを削《けず》れば、前方後円墳になる。

ちなみに、この四角い出っ張りの大本は、出雲の四隅突出型墳丘墓《よすみとっしゅつがたふんきゅうぼ》のバチのように伸びた突出部ではないかと疑われている。また、四隅突出型墳丘墓の斜面の貼石《はりいし》が、ヤマトの前方後円墳の葺石《ふきいし》になったのではないかと考えられている。

前方後円墳の原型は吉備で生まれた

それはともかく、楯築弥生墳丘墓の円形の墳丘の真ん中に木槨《もっかく》（棺《かん》を収納する木の枠組み）がある。木棺が納められ、大量の朱《しゅ》（三〇キログラム）が敷かれ、鉄剣やヒスイの勾玉《まがたま》、碧玉《へきぎょく》の管玉《くだたま》、ガラスの小玉が埋納《まいのう》されていた。

特徴的なのは、円形の墳丘上に立石が屹立《きつりつ》していることで、温羅伝説の中に登場する「石の楯」はこの立石のことだったのだ。また御神体《ごしんたい》の弧帯石《こたいいし》（亀石《かめいし》）に刻まれた紋様《もんよう》は、特殊器台《とくしゅきだい》に描かれる帯状《おびじょう》の弧《こ》とそっくりなのだ。

そしてもちろん、楯築弥生墳丘墓には、特殊器台形土器と特殊壺形土器が並んでいた（今はない）。

一般的な器台や壺は、弥生時代中期以降、西日本や東海、北陸に出現していた。また器台形土器は北部九州に生まれ、やはり各地に広まったが、二世紀になると畿内では衰退し、二世紀後期後葉、吉備一帯で進化していったのである。

吉備で発展した特殊器台形土器は想像以上に大きく、一メートルを超えていて、その上に特殊壺形土器を載せる。特殊器台形土器は筒型で上下に大きな口が開いている。上から下まで、横に平行な紋様帯が六〜十条ほどあって、紋様が彫り込まれ、平行な筋の無文帯《むもんたい》が交互に走り、丹《に》が塗られている。この特殊器台形土器は、のちに埴輪になっていく。神や首長霊に感謝の意を込め、壺に酒や米を盛り、祀る者が神とともに飲食した。これが「相嘗《あいなめ》」である。

このような、祭りに使われていた器台が、墓に用いられるようになったのが、吉備の特徴でもあった。首長を神格化し、首長霊を墳丘墓上で祀るための道具が、特殊器台形土器と特殊壺形土器であった。

なぜ、こんな個性的な墳丘墓が吉備に生まれていたのか、大きな謎だが、ひとつ言えることは、この墳丘墓がヤマトの前方後円墳に多大な影響を与えたということであり、祭祀に用いる土器をヤマトに持ち込んだことからして、ヤマト建国の中心的存在が吉備だったのではないかと疑われているのである。

なぜこのような「吉備の考古学」に拘泥《こうでい》したかというと、吉備の桃太郎が、けっして古代史と無関係ではないからだ。なぜ吉備はヤマト建国に大活躍していたのに、『日本書紀』はこの事実を抹殺してしまったのか……。温羅や吉備津彦命を巡る説話も、この謎を知った上で考え直す必要が出てくるのである。

第二章
昔話と桃太郎

桃は鬼を追い払う

昔話桃太郎の謎を解く鍵のひとつは、「桃」ではないか、とする考えがある。

桃に呪力《じゅりょく》が備わっているという信仰は、中国から伝わった。中国人にとってのユートピア（正確にはユートピアとは異なるとされているが、むずかしいことは、ここでは省略する。ようするに、「あこがれの地」）は「桃源郷《とうげんきょう》」と呼ばれる山中他界《たかい》だ。

ちなみに桃の原産地は、黄河《こうが》上流域、中国の北西部だ。「モモ」の語源は、「毛」が実を覆っているので「毛毛（もも）」となったとする説がある（ウソではない）。日本にも古くから伝わっていたようで、縄文時代晩期の桃の種《たね》も見つかっている。

晋代《しんだい》の陶淵明《とうえんめい》が記した『桃花源記《とうかげんき》』で、桃の花の咲き乱れる林の奥に、理想の土地はあったと記される。

中国の神話に登場する女神（天女）西王母《さいおうぼ》は、崑崙山《こんろんさん》（伝説の聖山）に住み、桃園《とうえん》（モモ畑）を持ち、三千年に一度実をつける幻の桃（不老不死《ふろうふし》の力を持つ）を栽培していたという。

中国人は桃の木を「仙木」、実は「仙果」と呼び、邪気を払い不老長寿を叶《かな》えてくれると信じていた。また、鬼は桃を憎み、桃は鬼を払う呪力を持つと考えられていた。だから、『古事記』や『日本書紀』の神話にも、桃にまつわる説話が残された。それは、イザナキが亡くなったイザナミのもとを訪ねた場面だ。『古事記』の記事を追ってみよう。

イザナミはイザナキがなかなか迎えにこないので、すでに黄泉戸喫《よもつへぐい》（黄泉国《よみのくに》の食べ物を口にしてしまうこと）をしてしまった。けれども、愛しい夫がこの国にきてくれたのだから、もどれるかどうか、黄泉神《よもつかみ》と相談してくると言う。ただし、その間、私を見ないようにと釘《くぎ》をさす。

しかし、あまりにも時間がかかるので、男神《おがみ》（イザナキ）はしびれを切らして左の御みづらに刺してある湯津々間櫛《ゆつつまぐし》の端の太い歯を折り、火を灯《とも》して覗《のぞ》くと、イザナミの屍骸《しがい》にウジがたかりコロコロとごめき、頭には大雷《おおいかずち》、胸には火雷《ほのいかずち》、お腹《なか》には黒雷《くろいかずち》、ホトには拆雷《さきいかずち》……（ようするに、雷の神がいたる場所にいたということ。すべての雷神《らいじん》を書くのが面倒《めんどう》なので、ここで後略《こうりやく》）あわせて八種《やくさ》の雷神がいた。

イザナキはその姿を見て、恐れて黄泉国から去ろうとした。するとイザナミは、

「よくも私に、恥をかかせましたね」

といいながら、予母都志許売《よもつしこめ》（黄泉国の醜悪な女性）を遣《つか》わし、追わせた。これを振り払うと（このあたり、物語をやや省略している）、イザナミは例の八種の雷神に黄泉の軍《ぐん》勢《ぜい》をそえて追わせた。イザナキは十拳剣《とつかのつるぎ》を抜き、後ろ手に振り回しながら逃げた。それでも追ってくるので、黄泉比良坂《よもつひらさか》の麓《ふもと》にたどり着いたとき、生えていた桃の実を三つとり、迎え撃つと、みな逃げ帰っていった。イザナキは桃の実に向かって次のように述べた。

「私を助けたように、葦原中国《あしはらのなかつくに》のあらゆる美しい青人草（民草、民《たみ》、現実に生きる人間）が苦しみ、憂《うれ》え、悩むときに、助けるように」

こう述べて、桃の実を「意富加牟豆美命《おおかむずみのみこと》」と名付けた。

このように、恐ろしい雷神を追い払うのに、桃の実は役に立ったわけである。『日本書紀』神代《かみよ》上第五段一書第九にも、よく似た話が載っている。雷が追ってきたので、イザナキは桃の木に隠れ、桃の実を投げつけて、雷は逃げていったとあり、「これが、桃を用いて鬼を避ける由縁《ゆえん》である」と記している。

すると、桃太郎の「桃」も、記紀神話《ききしんわ》や中国の思想に影響を受けていたことになりそうだ。

ところで、平成二十二年（二〇一〇）九月、発掘中の纏向遺跡《まきむくいせき》（奈良県桜井市《さくらいし》）大型建物跡の南側五メートルの場所に三世紀中頃の土坑《どこう》が見つかり、桃の種二千個と桃を盛《も》る竹製の籠《かご》、割られた土器片《どきへん》、その他が出土した。何かしらの祭祀《さいし》を行なっていたと思われる。それにしても、この数は異常だ。各地の桃の種の出土数は、多くても数十個が普通だからだ。

纏向遺跡は「卑弥呼《ひみこ》の都ではないか」と疑われているため、「卑弥呼《ひみこ》の鬼道《きどう》に桃（神仙《しんせん》思想）が用いられていたのではないか」と、騒ぎになったことがある。

桃太郎の原型は「瓜子姫《うりこひめ》」だった？

「桃」は、縁起の良い果物《くだもの》で、鬼退治に効力を発揮する果物だった。ただし、桃太郎は桃を鬼に投げつけていないし、桃太郎はモモから生まれたところに特徴がある。柳田国男《やなぎたくにお》は、桃よりも瓜の方が古い話といい、中が中空であったことが大きな意味を持っていると指摘している。

だからあまり桃に拘泥《こうでい》する必要はない。もっと大切な意味が、桃太郎説話には隠されている。

桃太郎が比較的新しい時代に完成していたとしても、古い歴史を背負っているのではないかという指摘は、いくつもある。もっとも有名なのは、柳田国男の「桃太郎の誕生」(『定本柳田国男集　第八巻』筑摩書店)の次の一節ではなかろうか。

桃太郎の鬼《おに》ヶ島《がしま》征伐《せいばつ》などといふ昔話は、既に御互ひの子供すらも、其《その》管理を辞退《じたい》する程のたわいも無いものではあるが、尚《なお》それが独《ひと》り日本現代の一つの問題であるのみでなく、実際はやはり亦世《またせ》界開闢《かいかいびやく》以来の忘るべからざる事件として、考察せらるべきものであった。

その上で、桃太郎の話の原型には、瓜子姫などの、「小《ち》さ子」「異常誕生」といったモチーフが存在していたと説く。

「小さ子」とは、聖なる者や申《もう》し子《ご》は小さな姿で現れるという発想であり、また、「異常誕生」は、子供が尋常ならざる姿で産まれてくるという昔話の類型だ。

小さな男が活躍する話は、各地に残されている。田螺長者《たにしちようじや》、一豆助、親指太郎などがそうで、民俗学ではこれらを「小さ子」の物語と総称している。

「小さ子」の昔話の特徴は、いくつかある。「神の申し子」という場合もある。体の一部や自然物などから産まれてくる異常な誕生秘話、高貴な女人を嫁にし、「鬼」を退治してしまうこと、さらに呪具《じゅぐ》を手に入れて大きくなることなどである。

桃太郎は、桃から産まれた点、「異常誕生」であり、「小さかった」のだから、「小さ子」だ。そして、桃太郎によく似た話は、いくつか残されている。

たとえば日本各地に伝わる「瓜子姫」のあらすじは、桃太郎とよく似ている。以下は、石見《いわみ》（島根県東部）に伝わった説話のあらましだ。

あるところにお爺さんとお婆さんがおりました。お爺さんは山に樵《きこり》に、お婆さんは川に洗濯をしに向かいました。すると、川上から「コンブリ、コンブリ」と、瓜が流れてきました。拾って食べてみるとこれがおいしい。そこでお婆さんはお爺さんにも食べさせてあげたいと、「もうひとつ流れてこい」と願うと、果たして瓜は流れてきました。もち帰《かえ》って櫃《ひつ》に入れ、お爺さんが帰ってきたので割ろうとすると、かわいいお姫様が出てきました（これが瓜子姫）。お姫様は毎日、機《はた》を織《お》りました。

ある日、老夫婦が留守の間に（瓜子姫のために婚礼の支度をしにいったというパターンがある。事実、この話の後半はそうなっていく）、天邪鬼《あまのじゃく》がやってきて、扉を叩き、「あけてくれ」という。瓜子姫は「しかられるからだめだ」と断るが、「手の入るほどでいいから」と要求し、それならと扉を少し開けると、「頭の入るだけ」「体の入るだけ」と要求を続け、ついに家の中に入ってきてしまいました。

天邪鬼は姫を誘って「柿《かき》の木谷《きだに》」に柿を取りに行き、天邪鬼は木の上から渋い柿をとって投げつけ、その挙げ句、着ていた汚《きたな》い服《ふく》を姫に着せて、柿の木に登らせ、枝にしばりつけてしまいました。そうしておいて天邪鬼は姫に化けて、すました顔で家に入り、機を織っていました（赤頭巾ちゃんになっている!?）。

お爺さんとお婆さんは帰ってくると、姫を嫁にやるからと、駕籠《かご》に乗せました。天邪鬼の姫は「柿の木谷を通《とお》るのか、梨の木谷を通るのか」を尋《たず》ねると、「柿の木谷」というので「梨の木谷」の方がいいと告げた。しかし、聞き入れられなかった。

はたして、一行が通ると高い柿の木の上で瓜子姫が、

「私ではなく、天邪鬼が乗っていくのか、ピーロロロロ」

と泣きました（「ピーロロロロ」は、トンビの鳴き声だ。ちなみに、出雲《いずも》の「瓜子姫」

の場合、「ヨーヨーアマノジャクばかりお駕籠に乗ってヨーヨー」と泣いている。かわいらしいので、付け加えておく）。こうして瓜子姫は助けられ、天邪鬼は三つに切られ、粟《あわ》の根、蕎麦《そば》の根、黍《きび》の根に埋められました。粟と蕎麦と黍の根が赤いのは、天邪鬼の血がついたからだという。

ここに登場する天邪鬼は、民間説話に登場する想像上の妖怪《ようかい》で山中に住むと信じられていた。人や神に反抗的で意地悪く、人が何を考えているのかを言い当て、姿や口調を真似るが、最後に滅ぼされる役目を担っている。ようするに、悪役の鬼であり、「山姥《やまんば》」や神話に描かれた天探女《あまのさぐめ》（天佐具売《あめのさぐめ》）とよく似た存在とされている。

ただし、話のパターンはひとつではない。天邪鬼が現れてからあとに地域ごとにバリエーションがある。東日本では瓜子姫が闖入者《ちんにゅうしゃ》に殺され、西日本では、今話したように、木に縛られたり被害を受けるが、最後は助けられるというように、結末が異なる。

ただ興味深いのは、「小さ子」「異常誕生」という特徴が、他の多くの昔話と共通だったということだ。少なくとも、話の途中までは、桃太郎とそっくりではないか（赤頭巾にも似ていたが）。

すでに述べたように、昔話桃太郎説話は想像以上に新しい話であって、瓜子姫が原型で、これに温羅《うら》伝説、吉備津彦命《きびつひこのみこと》伝説が組み合わされていったのだろう。

「小さ子」の物語には共通点が隠されている

柳田国男は桃太郎と数多《あまた》存在する「小さ子」の物語を比較している。そして、「小さ子」の物語には、共通点が隠されているという。

たとえば記紀神話のスクナヒコナ（少彦名命《すくなびこなのみこと》）やかぐや姫、瓜子姫、一寸法師《いっすんぼうし》を貫いているのは、童子《どうじ》（小童《こわっぱ》、霊童、童神）が人間界《にんげんかい》に現れ（多くの場合、子のない老夫婦のもとに申し子としてやってくる）、福徳《ふくとく》をもたらすという共通点があると指摘した。しかも、桃太郎が川を下ってきたように、童子はなぜか、水と関《かか》わりをもち「漂着する」頻《ひん》度《ど》が高い。いわゆる「河童《かっぱ》」も、小さ子で水にかかわり、水神童子《すいじん》の零落《れいらく》した姿にほかならない。

また、これら「水の小さ子」は、主人公が成長し、幸福な結婚をするというストーリー展開という共通点を持つ。

　そして「水の小さ子」の原型は、神話の中に見出せるという。たとえば倭迹迹日百襲姫命《やまとととびももそひめのみこと》が小蛇《こおろち》と結ばれていたように、普通ではない生まれかたをしていたが、三輪山《みわやま》の神の場合、もうひとつ、奇妙な神話を残している。ここでは水を流れ下ってくる「小さ子もどき」の話が記録されているのである。

　もうひとつ、神武《じんむ》天皇の正妃《せいひ》となるイスケヨリヒメ（比売多多良伊須気余理比売《ひめたたらいすけよりひめ》）は、美和《みわ》（三輪山）の大物主神《おおものぬしのかみ》と勢夜陀多良比売《せやだたらひめ》の娘だが、不思議な説話が『古事記』に残されている。神武天皇が皇后を探していたところ、神の子が見つかったというのだ。神の子である理由を、次のように説明している。

　大物主神は勢夜陀多良比売が美人だったため一目惚れをし、娘が大便をする時、丹塗矢《にぬりや》（赤く塗った矢）に化けて、溝《みぞ》を流れ下り、乙女《おとめ》の陰部《いんぶ》を突《つ》いた。乙女は驚き、走り回った。そしてその矢を持ち帰り、床の上に置くと、たちまち麗《うるわ》しい男となり、その乙女を娶《めと》り、生まれた子の名は「富登多多良伊須須岐比売命《ほとたたらいすすきひめのみこと》」で、またの名は「比売多多良伊須気余理比売」といった。こういうわけで、神の子というのだ。

このように、神話の世界の大物主神は「小蛇」となり、また「丹塗矢」となったが、お伽話《とぎばなし》や昔話が小さな動物の形で英雄を説き、奇怪な妻問《つまど》いの成功を伝えているのは、このような神話世界の「神人通婚《しんじんつうこん》」の言い伝えをかたく信じていた時代だったからだというのである。

桃太郎に隠された「父なき母子の神」

水界《すいかい》の小さ子には、母の姿がちらつくと柳田国男はいう。しかも、父親のいない処女懐胎《しょじょかいたい》の伝説に満ちているというのだ。すなわち、「父なき母子の神」「水辺の母神とその小さ子」という謎が、昔話・桃太郎には隠されていたのである。

石田英一郎は『桃太郎の母』（講談社）の中で、桃太郎を比較民俗学の視点で解き明かそうとしている。つまり、世界中の神話と比較することによって、日本の神話や昔話がどのように他の文化とつながっていたのかを、確かめようとしたのだ。その結果、次のように述べている。

かつて地球上の或る広大な区域を支配した母系的《ぼけいてき》な社会関係や婚姻《こんいん》の形式が、共通の母胎《ぼたい》として横たわっている。(後略)

といい、さらに、なぜ日本では小さ子が母神とともに、水辺に出現するのか、という謎について、

アフロユーラシア大陸の大母神は、最初から母なる大地として、月や死界や牝牛や龍蛇の類《たぐい》とともに水に結びついていた。(中略)大地はその豊饒《ほうじょう》力を水に負《お》う。太古の大地母神はまた、多かれ少なかれ水の神であった。

なるほど、もっともなことだ。日本の神話と言えども、そのモチーフは、広く世界中に求めることができるというのだ。柳田も、桃太郎の話には、人類開闢《かいびゃく》以来の記憶が眠っている、と指摘している。

けれども、それよりも大切なことは、柳田国男の次の指摘ではあるまいか。丹塗矢や蛇が妻を求めた目的は、「日本でならばまだ跡つけ得られる」といい、次のように述べてい

る。

即《すなわ》ち人界《じんかい》に一人の優れたる児を儲《もう》けんが為、天の大神を父とし、人間の最も清き女性を母とした一個の神子《みこ》を、此世に留めようが為《ため》であったらしいのである。

つまり、人間の女性が神の子を産むところに、大きな意味が隠されていたと指摘しているのだが、ここに、桃太郎のみならず、日本人の信仰にまつわる大きな秘密が隠されているように思えてならない。

ただし、この「桃太郎の母」と日本人の信仰のつながりについては、のちに触れることとする。ここでは「小さ子」について、もう少し考えておきたい。

では、「小さ子」や「水の小さ子」「小さ子の母」が、いったいなにを意味しているのか、「小さ子」の昔話の具体例を、いくつか読み返してみよう。

本当は怖い一寸法師

小さ子の物語で代表的なのは、一寸法師であろう。

一寸法師は、人口に膾炙《かいしゃ》した日本を代表するお伽話である。箸《はし》の櫂《かい》を持ち、お椀《わん》の舟に乗って川に漕《こ》ぎ出した一寸法師は、鬼退治の英雄と信じられている。民俗学的には、「お椀と箸」の設定から、「お米の精《せい》（穀霊《こくれい》）」の神話とみなされてもいる。ただし、用心しなければならないのは、一寸法師の「怖い一面」である。『御伽草子《おとぎぞうし》』の一寸法師のあらすじを追ってみよう。

その昔、難波《なにわ》（大阪）の里に年老いた夫婦が暮らしていた。妻は四十になっても子ができず、住吉大社《すみよしたいしゃ》に願掛《がんか》けを行なったところ、大明神《だいみょうじん》は哀《あわ》れに思い、子を授けたのだった。ところが、生まれ出た子はいつまでたっても背が伸びない。そこで一寸法師と名づけられ、二十三年の月日を重ねたのだった。

老夫婦は、「これはただ者ではなく、化け物風情《ふぜい》か何かだろう」と思い、どこかにやってしまわねばならぬと思う。親の気持ちを知った一寸法師は、ひとり寂しく京に旅立ったのである。

一寸法師、「捨てられるぐらいなら、こちらが捨ててやる!!」と言ったとか、言わなかったとか……。

椀と箸を舟と櫂にして、針《はり》を刀《かたな》にした一寸法師は、川を遡《さかのぼ》って京に向かう。三条《さんじょう》の宰相殿《さいしょうどの》は一寸法師の身なりを観て大笑いし、気に入って召《め》し抱《かか》えた。「ひとりぐらい変なのがいるのも一興《いっきょう》」と余裕だったが、これが悲劇の始まりだった?

一寸法師は、背丈《せたけ》は小さかったが、中身は大人で、宰相殿の娘を奪おうと執念を燃やした。姫が寝ている間に、ご飯粒《はんつぶ》を姫の口の周りにくっつけて、翌朝「姫に米を食べられた」と宰相に報告したのだ。案の定、怒った宰相殿は娘を追い出してしまった。ただし、宰相殿は本気ではなく、誰かが「そこまでしなくても」と止めてくれると思っていたのだが、妻が後妻で、姫にとっては継母《ままはは》だったことが災《わざわ》いし、無視されてしまったのだ。姫は泣く泣く家を出る。行くあてもない姫は、一寸法師を頼らざるを得なかった。

一寸法師と姫は、舟に乗ってとある島にたどり着き、鬼を退治する。そして鬼から奪った打出《うちで》の小槌《こづち》を振って背を伸ばし、金銀を手に入れた一寸法師は、都に舞い戻り、出世した……。

われわれは、昔話の肝心《かんじん》な部分を、親から教わっていないのかもしれない。一寸法師が人をだまして姫を手に入れたという話、聞いた覚えがない。勧善懲悪《かんぜんちょうあく》だけで判断できない何かが、昔話に隠されている。

そして、第一章で述べたヤマトタケルの説話と一寸法師がよく似ていることに気付かされるはずだ。

「こいつは化け物か何か、そういう類《たぐい》のものにちがいない」

と、ヤマトタケルはクマソ征討《せいとう》に狩り出され、さらに凱旋《がいせん》後ただちに、東国に向かわされていた。

「父は私に死ねといっているのだろうか」

とヤマトタケルは嘆いてみせるが、種を蒔《ま》いたのは、ヤマトタケル自身であった。

神話とつながる「小さ子」

「小さ子」説話の中でも特に一寸法師が有名なのは、住吉大社（大阪市住吉区）の申し子だったからだろう。住吉大社の祭神《さいじん》は日本を代表する海の神・住吉三神《すみよしさんじん》（表筒男命《うわつつのおのみこと》・中《なか》筒男命《つつのおのみこと》・底筒男命《そこつつのおのみこと》）と神功皇后《じんぐうこうごう》で、天皇家の歴史と深く関わっていた。古代から近世に至るまで、この一帯は流通の一大拠点で、住吉大社の申し子の活躍は、商人、海の民が、面白おかしく語り継ぎ、話を各地に伝えていったにちがいないのだ。『竹取物語《たけとりものがたり》』のかぐや姫も、竹の中に光り輝く「小さ子」であった。物語の出だしの部分は、次のようなものだ。

今は昔、竹取の翁《おきな》という者がいた。野山に分け入り、竹を取り、いろいろな物に加工していた。あるとき、竹のなかに、一筋の光をみつけた。不思議に思い近づいてみると、筒《つつ》の中が光っている。三寸ばかりのとてもかわいらしい女の子だった。竹取の翁は「子供になってくれるだろう」と、手の中に入れて連れ帰った。妻に預け養わせた。美しいこと限りなく、とても幼かったので、籠の中に入れて養った。

こののち竹取の翁は竹の節目と節目の間に金が埋まっているのを何度か見つけ、裕福になった。

この稚児《ちご》は養うほどに、すくすくと育ち、三ヶ月で大きくなった。髪上《くしあ》げさせ、裳を着せた（十三歳から十四歳になると行なう成人の儀式）。

このように、『竹取物語』のかぐや姫も、「小さ子」であった。もちろん、一寸法師も、「小さ子」であり、柳田国男の次の指摘がある。

瓜類が中うつろにして自然に水の上を浮き漂ふ事実は、非常に我々をして其内に在るものをゆかしがらせて居たのであった

ここからさらに連想を膨らませれば、天孫降臨《てんそんこうりん》神話の「胞衣《えな》」に包まれた天津彦彦火瓊瓊杵尊《あまつひこひこほのににぎのみこと》や、不具《ふぐ》だからと捨てられる「ヒルコ」の神話もやはり「小さ子」物語のひとつの例と捉え直すことが可能となる。

実際、昔話の起源をどんどん遡っていくと、神話の世界にたどり着いてしまう。

不完全だからヒルコは捨てられた

そこで、『日本書紀』に記された、「桃太郎の原型」となる説話のいくつかを紹介しておこう。

まずは、「ヒルコ」である。

ヒルコ（蛭児《ひるこ》）は『日本書紀』の神話に登場する。経緯《けいい》は以下のとおり。

イザナキ（伊奘諾尊《いざなきのみこと》）とイザナミ（伊奘冉尊《いざなみのみこと》）は磤馭慮島《おのごろしま》（想像上の島）で聖婚を行ない、大八洲国《おおやしまのくに》と山川草木を産み落とす。そして、このあとに、日神《ひのかみ》（大日孁貴《おおひるめのむち》。のちに天照大神《あまてらすおおみかみ》と呼ばれる。天皇家の祖神《そしん》で伊勢内宮《いせないくう》の祭神）を産む。この子は明るく麗しく、四方を遍《あまね》く照らした。イザナキとイザナミは喜び、

「私の子は多くいるが、いまだかつて、このように霊妙《れいみょう》な子はいなかった。ひさしくこの国に留めておくべきではない。まさに、すみやかに天に送って天界《てんかい》のマツリゴト（政事《まつりごと》）を授けるべきだ」

と、仰《おお》せられた。この時はまだ、地上と天はさほど離れていなかった。そこで、天柱《あまのみはしら》

で天上にあげた。次に月神《つきのかみ》が生まれた。その光は日に次ぐものだった。だから、日に並んで治めさせようと、天に送った。次に、蛭児を産んだ。三歳になっても、立たない。そこで、天磐櫲樟船《あまのいわくすぶね》に乗せて、風の吹くままに捨ててしまった。次に、スサノヲ（素戔嗚尊《すさのおのみこと》）が生まれた。この神は勇ましく強かったが、残忍な性格だった。また、常に泣いてばかりいた。だから、国の民を早死にさせ、青山を枯らしてしまった。イザナキとイザナミは「お前は手のつけられない乱暴者だ。この天下に君臨《くんりん》してはならない。遠い根国《ねのくに》に行け」と勅《みことのり》し、追いやってしまった。

短い話の割に興味深い要素が満載なのだが、まずここでは、その他の捨てられてしまった蛭児に注目しておこう。

『古事記』では、水蛭子という三文字で登場し、少し違った話が載っている。

イザナキとイザナミが島（国土）を造ろうとしたが、真っ先にヒルコが生まれた。この子は失敗作で、島ではないので、葦船《あしぶね》に入れて流し去ってしまった。次に淡島《あわしま》が生まれたが、これも子として認めなかった。

なぜわが子を捨ててしまったかというと、「出来が良くない」というのだ。

やはり、『日本書紀』も『古事記』も、ヒルコが不完全だったために、捨ててしまったと記録していることになる。

神話時代から「小さ子」はやんちゃだった

不思議なことだが、「小さい子」の出来が悪くて放逐《ほうちく》されたという話は、いくつもある。神話や古代史のいたる場面に、「小さ子」を感じさせる例が見つかるのだ。

出雲の国造りにオオナムチ（大己貴神《おおなむちのかみ》）を助け活躍したスクナヒコナ（少彦名命）も、「小さ子」で、「こぼれ落ちてしまった神」「落ちこぼれの神」だ。

そもそもスクナヒコナは、オオナムチと対《つい》になって神話に登場するが、これは「大」に対する「小（少）」の関係を示している。『日本書紀』神代上第七段一書第六には、次の説話が載る。

オオナムチとスクナヒコナは力を合わせ、心をひとつにして天下をつくった。この世の民と家畜のために、病気を治す方法を定め、鳥獣《ちょうじゅう》や害虫の被害を払い除くために、禁厭《まじない》の法を定めた。これで、百姓《おおみたから》は今に至るまで、みな神の恵みを享受しているのだ。

昔オオナムチはスクナヒコナに次のように語った。

「われらが作った国は、うまく出来上がっただろうか」

するとスクナヒコナは次のように答えた。

「よくできたところもあり、あるいは、できていないところもある」

この会話には、深い意味があるらしい（と『日本書紀』編者は書き添えている）。

その後、スクナヒコナは熊野《くまの》の御碕《みさき》（島根県松江市か和歌山県の熊野の岬《みさき》のどちらか。後者が有力）に行き、ついに常世郷《とこよのくに》（異郷。不老長生の国）に行ってしまった。また、淡島にいたり、粟の茎《くき》に登ったところ、弾《はじ》かれて渡って常世郷に行ってしまわれたともいう。

話の最後の段になって、スクナヒコナの「すこぶる小さい様子」が明らかにされている。まるで、虫のようなイメージだ。

もうひとつ、同段一書第六に、スクナヒコナの説話が残される。

はじめオオナムチが国を平らげた時、出雲国《いずものくに》の五十狭狭《いささ》の小汀《おはま》（島根県出雲市大社町《たいしゃちょう》稲佐の浜《いなさのはま》）に行き、食事をされようとした。その時、海の上から人の声がした。驚いて探しても、まったく姿が見えない。しばらくして、ひとりの「小男」が現れた。ガガイモの皮を舟にして、鷦鷯《さざき》（ミソサザイ）の羽根を衣にし、潮の流れのままに浮いてやってきた。

オオナムチは持ち上げて掌《てのひら》の上で遊んでいると、飛び跳ねて頬《ほお》を噛んだ。オオナムチはその姿形を怪しみ、使いを遣わし、天神《あまつかみ》に申し上げた。時にタカミムスヒ（高皇産霊尊《たかみむすひのみこと》。天孫降臨した天津彦彦火瓊瓊杵尊の祖父。皇祖《みおや》）は、次のように述べられた。

「私が産んだ子は、すべてで千五百柱である。その中のひとりは、たいへん悪く、教えに従わない。指の間から漏《も》れ落ちたのは、きっと彼だろう。慈《いつく》しみ、育ててほしい」

これが、スクナヒコナだった。

やはり、小さ子は悪さをして暴れ回るのが、すでに神話の時代からお決まりだったようだ。一寸法師だけ、やんちゃだったわけではなさそうだ。

大物主神も「小さ子」だった

『古事記』にも、よく似た話が載っている。こちらでは、スクナヒコナの親はカミムスヒ（神産巣日《かむむすひ》御祖命《みおやのみこと》。神皇産霊尊《かみむすひのみこと》）とあるが、『日本書紀』と『古事記』の食い違いは、ここではたいした問題ではない。話のつづきが問題なのである。

海の彼方から天《あめ》の羅摩《かがみ》（ガガイモ）の船に乗ってやってきたスクナヒコナは、オオナムチとともに国造りに励んだあと、常世郷に去った。オオナムチは途方《とほう》に暮れてしまった。

「これから先、誰と一緒に国造りに励めば良いのか」

と嘆いていると、海を照らしてやってくる神があった。その神が、

「よく私を祀《まつ》れば、一緒に国を造ろう。もしそうしなければ、国が完成することはないだろう」

と述べた。オオナムチ（『古事記』ではここは大己貴神ではなく大国主神《おおくにぬしのかみ》の名になって

いる。両者は同一の神）は、

「それなら、あなたをどのように祀り、御魂《みたま》を鎮《しず》めればよろしいのでしょう」

と尋ねると、

「ヤマトの青垣《あおがき》の東の山の上にいつき奉《たてまつ》れ」

といった。これが御諸山《みもろやま》（奈良県桜井市《さくらいし》の三輪山）の上に坐《ま》す神である。

『日本書紀』にはこの場面、少し異なる設定になっている。

まず、大物主神はオオナムチに対し、

「私がいなければ、あなたは国を造ることはできなかっただろう」

と述べた。オオナムチが「何者ですか」と問うと、答えて、

「私はあなたの幸魂《さきみたま》・奇魂《くしみたま》（二つ合わせて和魂《にぎみたま》）である」

という。そこで、どこに住みたいかと尋ねると、「三諸山《みもろやま》」という。そこで宮を築いた
……。

『古事記』に従えば、大物主神を祀ったのはオオナムチであった。しかし、『日本書紀』の場合、オオナムチは自分の和魂が住むべき宮を御諸山につくったのであって、「積極的に祀った」様子はない。

その一方で、『日本書紀』に従えば、第十代崇神《すじん》天皇の時代、人口が半減するほどの疫《えき》病《びょう》がはやり、不穏な空気が流れ、流浪《るろう》する人びとが現れた。占ってみると大物主神がかかわっていることがわかったという。そして、崇神天皇は大物主神の言いつけどおり、大物主神の子のオオタタネコ（大田田根子《おおたたねこ》）を探しだし、ヤマトに連れてきて、大物主神を祀らせることにしたのだ。これで、世の中は平静を取り戻したという。

さて、大物主神はオオナムチの前に、まるでスクナヒコナと入れ替わるようにして現れたが、大物主神も「小さ子」であった。その様子は、『日本書紀』に記されている。箸墓《はしはか》（箸中山古墳《はしなかやまこふん》。桜井市）に葬《ほうむ》られたヤマトトトビモモソ姫（倭迹迹日百襲姫命）の説話だ。

『日本書紀』崇神天皇の段には、三輪山山麓の箸墓にヤマトを代表する巫女《みこ》・ヤマトトトビモモソ姫が葬られた由来が、次のように記されている。

ヤマトトトビモモソ姫は三輪山の大物主神の妻となった。しかし大物主神は昼には現れず、かならず日が暮れてからやってくる。そこでヤマトトトビモモソ姫は、「ぜひともご尊顔《そんがん》を拝《はい》したい」と大物主神に願い出た。大物主神も納得し、次の日に櫛笥《くしげ》（櫛を入れた箱）のなかに入っているから、姿を見ても驚かないように、と言いおいた。はたして翌日、櫛笥を開けてみると、そこには美しい「小蛇」が入っていた。ヤマトトトビモモソ姫はおもわず叫んでしまった。大物主神は恥じて人の姿に戻ると、

「お前は我慢しきれず叫んで、私に恥をかかせた。今度は私がお前に恥をかかせてやろう」

と述べ、大空を踏みならして三輪山に帰っていってしまわれた（大物主神は雷神でもあったのだ）。ヤマトトトビモモソ姫は失意のあまり尻餅《しりもち》をついたが、そのとき箸が「ホト」に突き刺さり、命を落とされてしまった。ヤマトトトビモモソ姫の亡骸《なきがら》は大市《おおち》（奈良県桜井市の北部）に葬られ、この墓を箸墓と呼んだ……。

国中を震え上がらせるような恐ろしい神が、なぜ美しい「小蛇」なのだろう。それは、大物主神がスクナヒコナと入れ替わって登場したように、その正体は「小さ子」であり、

古代より神宿る山とされる三輪山

だからこそ恐ろしい神だったと考えれば、多くの謎が解けてくるのである。

三輪山の蛇だった大物主神

桃太郎は「小さ子」で「異常誕生」の物語だった。そして、このお伽話のモチーフは、すでに神話の中に、原型を見つけることができたのである。

ならば桃太郎は、このような、「民俗学的な視点」だけで「わかったつもり」になってよいのだろうか。

そうではなく、「歴史の闇」が、お伽話や昔話に反映されているのではあるまいか。正史《せいし》『日本書紀』には載っていない、敗者の怨嗟《えんさ》の声が、古い物語には込められているように思えてならない。

たとえば『竹取物語』は、明らかに藤原氏批判の文書だ。『万葉集《まんようしゅう》』も、藤原氏を糾《きゅう》弾《だん》している（拙著『なぜ「万葉集」は古代史の真相を封印したのか』じっぴコンパクト新書）。浦島太郎説話や天《あま》の羽衣《はごろも》伝承も、『日本書紀』が抹殺《まっさつ》してしまった本当の歴史を、今に伝えようとしている可能性が高い。ならば、桃太郎の裏側に、古代の歴史はからんでくるのだろうか。

そこで注目されるのは、吉備《きび》を成敗《せいばい》した雄略《ゆうりやく》天皇と周辺の人びとのことである。

第二十一代雄略天皇は、五世紀後半の偉大な王だ。『宋書《そうじょ》』倭国伝《わこくでん》に倭の五王《ごおう》のひとりで五王の最後の「武王《ぶおう》」の名で登場し、宋《そう》の皇帝から「使持節都督倭新羅任那加羅秦韓慕《しじせっとくわしらぎみまなしんかんぼ》韓《かん》六国諸軍事安東大将軍倭王《しょぐんじあんとうだいしょうぐんわおう》」の称号《しょうごう》を獲得している。名誉職《めいよしょく》であり、五人の王の中で、もっとも地位の高い爵位《しゃくい》を手に入れている。

この時代の朝鮮半島は、南下政策を採《と》る騎馬民族国家《きばみんぞくこっか》・高句麗《こうくり》に、半島南部の百済《くだら》や新羅《しらぎ》、伽耶《かや》が、頭を悩ませていた。具体的な解決策は、「背後の憂いのない倭国（日本）に援軍を求める」ことで、この要請に倭国は応じ、だからこそ、朝鮮半島南部の国々は、競って先進の文物を倭国に贈っていたのだ。そういういきさつがあったから、倭国王は東アジアで、ちょっとした有名人になっていったのである。

しかもそれまで、ヤマトの政権内部では、王の権力は限定的で（のちにふたたび詳しく触れる）ヤマトの王は「祭司王《さいしおう》」の地位に甘んじていた。しかし、諸外国にすれば、「倭国王に頼めば援軍を送ってくれる」のだから、次第にヤマトの王は、発言力を増していったようなのだ。そういう微妙な時代に、雄略天皇はクーデターを起こし、王位を実力で手に入れたのである。

雄略天皇は改革事業を断行した王で、古代版織田信長《おだのぶなが》といったところか。この雄略天皇に、小さ子の説話がある。『日本書紀』の記事を紹介しよう。

雄略七年秋七月、天皇は少子部蜾蠃《ちいさこべのすがる》に詔《みことのり》して次のように命じた。

「朕《われ》は三諸岳《みもろのおか》（三輪山）の神（大物主神）の形を見てみたい。お前は人一倍力を持っている。自ら行って捕らえてこい」

すると蜾蠃《すがる》は、次のように答えた。

「試しに行って捕らえてみましょう」

すなわち三諸岳に登り、大蛇《おろち》を捕らえて、天皇に示した。天皇は斎戒《さいかい》をなさらなかった。大蛇は雷鳴を響かせ、まなこは爛々《らんらん》と輝いていた。天皇は、かしこみ、目を覆って御《ご》覧《らん》にならず、殿中に引き取られ、大蛇を三諸岳にもどさせた。そこで改めて蜾蠃に名を賜《たまわ》り、「雷《いかずち》」とした。

不思議なことがある。それは、崇神天皇紀で三輪山の神・大物主神を「小蛇」と呼んでいながら、雄略天皇の場面では、「大蛇」と言っている。優秀な校閲者ならば、必ずゲラに、

「大物主神が「小蛇」と「大蛇」になっていますがOKですか」

と、赤を入れてくる場面だ。あらかじめ答えておきます。

「OKです」

これで、二度手間はなくなった。一安心……（内輪ネタで恐縮中）。

それにしてもなぜ、雄略天皇は、少子部蜾蠃を重用し、三輪山の蛇（雷神）と関わってくるのだろう。

雷神を捕まえた「小さ子」

仏教説話集『日本霊異記《にほんりょういき》』にも、少子部蜾蠃と雷神の話が載っている。

少子部栖軽《ちいさこべのすがる》（蜾蠃）は泊瀬《はせ》の朝倉《あさくら》の宮（奈良県桜井市黒崎《くろさき》）に二十三年天下を治めていらっしゃった雄略天皇の随身《ずいじん》（護衛武官《ごえいぶかん》）で、腹心《ふくしん》の従者だった。天皇が磐余《いわれ》の宮（「磐余」は桜井市西部と橿原市《かしはらし》東部）に住まわれていたとき、天皇は后《きさき》と大安殿《おおやすみどの》（大極殿《だいごくでん》）でいい感じになっていた（原文には「婚合《まぐわい》」とあるが、オブラートに包んでみた。上品な感じが好きなので）。するとそこに栖軽は何も知らずに入室《にゅうしつ》してしまった。天皇は恥じて、行為（なんと訳せばいいのだ）をやめられた。

その時である。空に雷が鳴った。すると天皇は栖軽に次のように命じた（照れ隠しである）。

「お前は、雷を迎えてくることはできるか」

冷静に考えれば、無茶ぶりというヤツである。しかし栖軽は、これを請《う》け負《お》ってしまった。

栖軽は宮を出ると赤い葛《かずら》（髪飾《かみかざ》り）を額《ひたい》につけ（鉢巻《はちま》きのようにした）、赤い幡桙《はたほこ》をささげて馬に乗り、阿倍《あべ》の山田《やまだ》（桜井市）の前の道と豊浦寺《とゆらでら》（高市郡明日香村《たかいちぐんあすかむら》）の前の道を行き（桜井市から山田寺跡を経由して明日香に抜ける道だ）、軽《かる》の諸越《もろこし》（橿原市西南部。畝傍山《うねびやま》の東南部）の衢《ちまた》（街なか）で、大声で叫んでみた。

「天の鳴雷神《なるかみ》よ、天皇がお呼びだ」

そうしておいて、踵《きびす》を返し、走りながら叫んだ。

「雷神といえども、なぜ天皇の命令に逆らえようか」

すると、豊浦寺と飯岡《いいおか》（不明）の間に雷神は落ちていた。栖軽は神官を呼び、雷神を駕籠に乗せて宮に向かった。天皇に「雷神を迎えいれました」と報告した。すると雷神は光を放って照りかがやいたのだ。天皇は恐ろしくなった。幣帛《へいはく》を奉り、落ちていたところに返させたという。その地を、雷《いかずち》の岡《おか》（雷丘《いかずちのおか》）と呼ぶ。

このの ち栖軽は亡くなる。天皇は七日七夜《なぬかしちや》、栖軽の遺骸《いがい》を安置し、忠臣《ちゅうしん》ぶりを偲《しの》ばれ、雷の落ちた場所に墓を造られた。碑文《ひぶん》の柱を建て、「雷神を捕まえた栖軽の墓なり」と記した。すると雷神は憎み、恨み、鳴って落ち、碑文の柱を蹴り、踏みつけた。ところが雷神は碑文の裂け目にはさまり、ふたたび捕らえられてしまった。天皇はお聞きになり、雷神を碑文の柱から助け出し、許した。死を免れた雷神だったが、七日七夜の間、気が抜けたまま地上に留まっていた。

勅使《ちょくし》が遣わされ、碑文を造り直し、「生きているときも死んでも、雷神を捕れる栖軽の墓」と記録した。飛鳥《あすか》の京の時代、ここが雷の岡と名付けられた由縁が、これである。

これで、少子部蜾蠃が神を捕まえてくる説話は出そろった。少子部蜾蠃は三輪山の神を生け捕りにし、雷神をも捕まえる特殊能力を発揮したのである。

少子部蜾蠃が三諸丘の大蛇を捕らえることができたのは、この男が力持ちだったからと『日本書紀』は言うが、その理由は、少子部蜾蠃が「小さ子」と関わり深かったからだ。「少子部連《ちいさこべのむらじ》」の姓《かばね》を下賜《かし》されたのも、「小さ子」に関わっていたからだ。それが、『日本書紀』雄略六年三月七日の記事である。

天皇は后妃《こうひ》に桑《くわ》の葉を摘《つ》ませ、養蚕《ようさん》を奨励《しょうれい》しようと考えた。そこで蜾蠃に命じて、国中の「蚕《こ》」を集めさせた。すると蜾蠃は誤って「嬰児《わかご》［子］」を集めて天皇に献上してしまった。天皇は大笑いし、嬰児たちを蜾蠃に賜《たまわ》り、「お前が養え」と述べられた。蜾蠃は嬰児を宮墻《みやかき》のほとりで（「墻」は土塀《どべい》の意味。天皇の住まいのすぐ近くで、という意味になる）養った。だから「少子部連」の姓を下賜した。

この話、ただのお伽話ではなさそうだ。

『新撰姓氏録《しんせんしょうじろく》』山城諸蕃《やましろしょばん》・秦忌寸《はたのいみき》の条に、天皇が少子部蜾蠃（『新撰姓氏録』には「雷」とある。蜾蠃が改名して「雷」となった話はすでにしてある）を遣わして、秦《はた》の民《たみ》一万八千六百七十人を集めたという話があって、秦の民は養蚕技術に長《た》けていたから、二つの話は無関係ではない。

秦氏は新羅系の渡来人《とらいじん》で、秦氏と養蚕の関係は、深く古い。

秦の民とつながっていた少子部蜾蠃《ちいさこべのすがる》

さらに、雄略天皇と秦氏も、強く結ばれている。

『日本書紀』雄略十五年の条には、次のようにある。

秦の民（新羅系渡来人たち）を有力氏族が勝手に使役し、秦造《はだのみやつこ》（秦の民を束ねる親方）には委《ゆだ》ねなかった。だから秦造酒《はだのみやつこさけ》はとても憂えたまま、天皇に仕《つか》えていた。天皇は秦造酒を寵愛《ちょうあい》していたので、詔して秦の民を集め、秦造酒に下賜した。だから秦造酒は、大勢の人々を率い、庸《よう》（麻布《あざぶ》）と調《ちょう》（絹《きぬ》・絁《あしぎぬ》）と上質の絹を奉献《ほうけん》し、朝廷に積み上げた。そこで姓を賜り、「ウヅマサ（うず高く盛《も》り上《あ》げたから）」とした。

さらに雄略紀十六年秋七月には、次の記事が載る。

詔して、栽培に適した土地に桑を植えさせ、秦の民を分けて移住させ、庸と調を献上させた。

『古語拾遺《こごしゅうい》』に、似た記事がある。

長谷《はつせ》の朝倉《あさくら》の朝《みかど》（雄略天皇）の時代、秦氏は分かれて（ばらばらになって）、他の氏族に従属した。その中にあって、秦酒公《はだのさけのきみ》は雄略天皇に寵愛された。雄略天皇は詔し、秦氏（秦の民）を集め、酒公に賜った。だから秦酒公は、百八十種《ももやそくさ》の勝部《すぐりべ》（多くの帰化《きか》系の職業団体）を率い、養蚕に励み、機を織り、調をたてまつり、朝廷に積み上げた。そこで雄略天皇は、積むままに「埋《うづ》み益《ま》す」から「宇豆麻佐《うづまさ》」の姓を下賜したという。また、貢上《こうじょう》された絹・綿は、肌に柔らかかった。そこで「秦」を「ハダ」と言うようになった。

そして、秦氏の貢上する絹をもって、神を祀る剣《けん》の柄《つか》に巻くようになった。今でもそうしている（いわゆる秦《はだ》の機纏《はたまき》の起源である）。ここからあと、諸国の貢調《こうちょう》は、毎年満ちあふれた。そこで大蔵《おおくら》を立てて、蘇我麻智《そがのまち》（満智《まち》）宿禰《すくね》に三蔵《みつのくら》・斎蔵《いみくら》・内蔵《うちのくら》・大蔵《おおくら》を検校《けんぎょう》せしめ、秦氏をして出納《あげおろし》を管理させ、東西《やまとかわち》の文《ふみ》氏に、帳簿《ちょうぼ》を記録させた。漢氏《あやし》に姓を下賜し、内蔵・大蔵とした。今、秦・漢《かん》の二つの氏をして、内蔵と大蔵を管理させている理由がこのような経緯だったという。

ここでも秦氏と機織《はたおり》、養蚕は強く結びついている。

なぜ秦氏と養蚕のつながりにこだわったかというと、少子部蜾蠃が「蚕＝子」を集めたこと、実際にはその「子」らが、秦の民であった可能性が高いこと、秦の民はのちの時代になると、差別されていくからだ。秦氏は鬼となり、少子部はそれら鬼の先祖にあたる人たちを集め、管理していたことが、気になって仕方ないからである。

すなわち、少子部蜾蠃の怪力は、このような「養蚕に従事する人たち」「秦の民」とのつながりを考えなければ、理解できないのである。

鬼になった秦河勝《はたのかわかつ》

小さ子と鬼の話を、もうひとつしておこう。

『本朝神社考《ほんちょうじんじゃこう》』には、ヤマトの三輪あたり（纏向遺跡の近辺でもある）の桃太郎そっくりな説話を載せている。それによれば、初瀬《はせ》（初瀬《はつせ》）川《がわ》が溢《あふ》れ、三輪山の大神神社《おおみわじんじゃ》の前に、大きな甕《かめ》が流れてきた。開けてみると、中に玉のような男の子が入っていたという。のちにこの子は小舟に乗って、播磨《はりま》（兵庫県）に向かって大荒大明神《おおさけだいみょうじん》になったという。この人物こそ、秦河勝である。

柳田国男はこの説話こそ、桃太郎伝説のもっとも古いモチーフなのではないかと指摘しているが、その可能性は高い。それよりも、ここでは、秦河勝に注目しておきたい。

秦河勝といえば、聖徳太子《しょうとくたいし》に寵愛された人物として知られている。秦河勝が播磨に向かい、かの地で亡くなったという話は、大避神社《おおさけじんじゃ》（兵庫県赤穂市《あこう》）に伝わっているし、その他の場所で、たびたび語られている。

大避神社の伝承によれば、秦河勝は「蘇我入鹿《そがのいるか》の乱」を避けてこの地に移ってきたといい、この地で亡くなられたという。神社の正面の海に浮かぶ生島《いきしま》が、秦河勝の墓地だという。一般に、この「蘇我入鹿の乱」とは、上宮王家滅亡《じょうぐうおうけめつぼう》事件（山背大兄王《やましろのおおえのみこ》と一族の滅亡）ではないかと指摘されている。すなわち、聖徳太子に寵愛されていた秦河勝は、聖徳太子の子の山背大兄王に加勢していて、蘇我入鹿に睨《にら》まれたということになる。

ついでだからいっておくと、秦河勝の末裔《まつえい》だと名乗り出た（自称した）世阿弥《ぜあみ》は興味深いことに『風姿花伝《ふうしかでん》』の中で、「秦河勝は祟《たた》る鬼」と証言している。

御先祖様を顕彰《けんしょう》するのが普通なのに、なぜ世阿弥は秦河勝を鬼あつかいしたのだろう。ここに、深い歴史の闇が眠っていて、筆者は「蘇我入鹿暗殺の刺客《しかく》は秦河勝だった」と睨み、他の拙著の中で詳しく述べておいた。つまり、「蘇我入鹿の乱」とは、上宮王家滅亡事件を指しているのではなく、実際には、蘇我入鹿暗殺＝乙巳《いっし》の変《へん》（六四五）とみなしている。

これまでの常識とは裏腹に、蘇我氏は改革派で、聖徳太子のように慕われていたと筆者は考える。そして、秦河勝は、律令制《りつりょうせい》導入を目論《もくろ》む蘇我氏に反感を抱き（土地を奪われるという恐怖を抱いたのだろう）、蘇我入鹿殺しの実行犯になり、「聖者殺し」の烙印《らくいん》を押され、秦氏の末裔は蔑視《べっし》されていくようになったのだ。

ではなぜ、このような話が『日本書紀』に記されなかったのかといえば、『日本書紀』

秦河勝の墓地と伝えられる生島

編者の藤原不比等《ふじわらのふひと》が、父・中臣鎌足《なかとみのかまたり》を顕彰するために、蘇我氏を大悪人にすり替え、本当は聖者殺しだったものを、「大悪人蘇我殺し」とし、その上で蘇我入鹿殺しの手柄を、秦河勝から奪ったのだ。しかも、藤原氏は秦河勝をそそのかしただけではなく、さらに秦氏を利用するだけ利用したあとに捨てたから、秦氏の恨みは深かった。だから、世阿弥の「秦河勝は祟る鬼」という言葉の裏には、藤原政権への恨みつらみが隠されていたわけである。

　蘇我氏と聖徳太子は、今回の話とはあまり関係ないのでこれ以上深入りしないが、「小さ子」と「鬼」が同一の秦河勝だったという話は無視できない。

　また、桃太郎説話によく似た話がヤマトの周辺に残っていたことも、興味深い。

雄略天皇は古代版織田信長

三輪山周辺を舞台にした桃太郎そっくりな伝説があって、しかもそれが七世紀の秦河勝とつながっていることは、妙にひっかかる。もちろん、少子部蜾蠃が秦氏と奇妙な形で接点を持っていること、その少子部蜾蠃が「雄略天皇の時代」に大活躍していたことも、気になって仕方ない。というのも、のちに詳しく触れるように、吉備は五世紀半ばに絶頂期を迎え、その直後に勃発《ぼっぱつ》した吉備の乱で衰退するからだ。しかも、乱は雄略天皇の時代に起きている。吉備の没落を招いた雄略天皇と少子部蜾蠃の強いつながりは、何を意味しているのだろう……。

ここで無視できないのは、雄略天皇の立場である。

そこで、「小さ子」とつながり、吉備を衰弱させた雄略天皇について、考えておきたい。

雄略天皇は、当初有力な皇位継承候補ではなく、「順当に即位した」というわけではなかった。兄・安康《あんこう》天皇が殺され、容疑者を抹殺するという名目のクーデターを起こし、政敵や皇位継承候補を次々となぎ倒し、玉座《ぎょくざ》を手に入れたのだった。

雄略天皇がどのように王権を獲得できたかは、『日本書紀』の記事でいきさつを追ってみよう。

雄略天皇はまず、同母兄の皇子《みこ》を殺した。また安康天皇暗殺の実行犯（皇族《こうぞく》）らは当時の権力者円大臣《つぶらのおおみ》（葛城《かつらぎ》氏）の館に逃れたので、雄略は館を囲んで、皇子の引き渡しを要求した。すると円大臣は、

「君主が臣を頼ってこられたのに、なぜ裏切ることができましょう」

と述べ、拒否したのだった。すると雄略天皇は、館に火をかけ皆殺しにしてしまった。有力な皇位継承候補をもだまし討ちにして、容赦なく殺して、恐怖政治を始めたのだと『日本書紀』は言う。

雄略天皇は「自分が正しい」と信じて疑わず、誤って人を殺すことがしばしばで、人びとは「太《はなは》だ悪《あ》しくまします天皇《すめらみこと》なり」と罵《ののし》ったというのだ。天皇を礼讃《らいさん》すべき『日本書紀』が、ここで奇妙な発言をしていたことになる。雄略天皇とは、いったい何者なのだろう。

ただし、ここから先に、雄略天皇のもうひとつの謎が隠されている。雄略天皇は多くの文書の中で、特別あつかいされているからだ。雄略天皇の出現は古代史のエポックとなっていたことは、古代人の常識だったようなのだ。

たとえば、『日本書紀』は暦《こよみ》を二つ使っているが、雄略天皇の段で入れ替わっている。『万葉集』の冒頭《ぼうとう》を飾る歌は、雄略天皇作だ。それ以前の天皇の歌もあるのに、なぜ雄略天皇が栄《は》えある一番バッターに抜擢《ばってき》されたのだろう。『日本霊異記』、その他の文書も、雄略天皇を冒頭に掲《かか》げている。これは、ほかの天皇にはないことだ。

『日本書紀』の態度は不思議なのだ。雄略天皇を悪《あ》し様《ざま》に描いているが、実際の雄略天皇は、改革事業を展開し、中央集権国家造りを目論んでいた気配がある。

すでに触れたように、ヤマト建国時のヤマトの王は祭司王で、多くの首長《しゅちょう》たちの手で共立されていたと考えられる。ただし五世紀、『宋書』倭国伝に登場する倭の五王＝讃《さん》・珍《ちん》・済《せい》・興《こう》・武《ぶ》のころ、ようやく、相対的に他の首長たちと張り合い、あるいは抜きん出た存在になりつつあったようだ。そして雄略天皇の代になって、強い王が出現していた可能性が高い。雄略天皇は、古代版「織田信長」だったのではないかと思えてくる。

とはいっても、雄略天皇が寵愛する者は、渡来系の数人の役人だけだったと『日本書紀』はいい、いったいこのクーデター政権、誰が後ろ盾となり、支えていたのか、大いに疑問に思う。なぜ、誰も期待していなかった人物が、改革事業を推《お》し進めることができたのか、不思議なことである。

そこで思い出されるのは、少子部蜾蠃の活躍なのだ。「蚕」を集めてこいと命令され、勘違いして「子」を連れてきたといい、宮の近くで養育したという。

この話、ようするに、雄略天皇が渡来系の秦氏の底力を活用したことを言っているのだろう。王家が独自に産業を興し、他の首長層に負けないだけの実力を得ようとしたということではなかろうか。

つまり雄略天皇は王家の求心力を高めるために、渡来人を支配下に置き、組織的に財を生みだす仕組みを作り上げたのだろう。

知られざる東国の発展

雄略天皇を背後から支えた強大な勢力は、もうひとつあるように思う。それが東日本であり、その中でも関東が大きな意味を持っていたのではなかったか。

五世紀には関東が大いに発展し、近畿地方を除く全国で、もっとも大きな前方後円墳《ぜんぽうこうえんふん》を造営する地域に変貌《へんぼう》していた。しかも、関東の人びとはヤマトの王家と強く結ばれていた。弥生《やよい》時代の関東は、どちらかというと後進地帯《こうしんちたい》で、多くの先進の文物は、西からもたらされた。だから、ヤマト建国後も、関東の人びとは、ヤマト政権の良きパートナーとなっていったのである。

たとえば、崇神四十八年正月、天皇はふたりの優劣つけがたい皇子のどちらを即位させ、どちらを東国の統治に向かわせるべきか迷っていた。この悩みは重要で、東国を統治する者も、ヤマトの王に匹敵するぐらい重責を担っていたことを示している。

判断しかねた崇神天皇は、夢占いをさせた。兄は夢の中で御諸山（三輪山）に登り、東に向かって八回槍を突きだし、八回刀を振り回した。弟も御諸山に登ったが、縄を四方に張り、粟を食べるスズメを追い払った。

これを聞いた天皇は、兄を東国に、弟に皇位を継承させることを決断したのだった。兄は東国に赴《おもむ》くことはなかったが、孫の彦狭嶋王《ひこさしまのみこ》が景行《けいこう》天皇の時代に東山道《とうさんどう》の十《とおあまり》五国都督《いつつのくにのかみ》に命じられ、赴こうとした。ところが、途中で病没してしまった。すると、東国の百姓は悲しみ、密かに王の屍《しかばね》を盗み、上野《かみつけ》国に葬ったという。

この話、王家のプロパガンダにも見える。しかし、古代の東国の人びとの意識は、われわれ現代人の感覚ではつかみにくいと思う。

ドラマ「水戸黄門《みとこうもん》」は、比較的東日本の視聴者に好評で、それは水戸黄門の出身地が水戸藩（茨城《いばらき》県）だったから、というだけではなく、もっと根深い伝統があったように思えてならない。

東日本の人間は権威に従順、という簡単な括《くく》り方で片づけることもできない。たとえば平安時代、東国は手のつけられない無法地帯だったが、都から源氏《げんじ》や平氏《へいし》が乗り込んだだけで、争いはピタッと止んだ。大軍団に圧倒されたというわけではなかったにもかかわらず、である。

この謎を解く鍵は、「源氏や平氏が天皇家の末裔だった」というところにあると思う。ただし、天皇家の権威に屈服したわけではない。

種明《たねあ》かしをしてしまえば、次のようになる。

東北や東国には、野蛮な蝦夷《えみし》が住むと『日本書紀』は蔑《さげす》んでいる。酷評といっても過言ではない。しかしだからといって、ヤマト建国後、ヤマトの王家と東国が敵対していたかというと、むしろ実態はまったく逆だ。そもそも、ヤマト建国は「東」が仕掛けたのではないかと思える節がある。纏向遺跡の外来系土器の約半数は東海からもたらされたものという話はすでにしてあるし、さらに六世紀初頭、継体《けいたい》天皇は東海地方の雄族・尾張《おわり》氏の後押しを受け、北陸からヤマトに乗り込んでいる。継体天皇の末裔が今日の天皇家につながっているのだから、天皇の祖は古代の東国からやってきたわけである。ちなみに、当時の東西日本を分ける関は不破《ふわ》関＝関ヶ原《せきがはら》や鈴鹿《すずか》関（三重《みえ》県亀山《かめやま》市）、愛発《あらち》関（滋賀《しが》県と福《ふく》井《い》県の県境付近）だった。だから伊勢神宮も東国側に入っていたのだ。それはともかく……。

七世紀の蘇我系の政権は、蝦夷との間に親密な関係を構築し、蜜月状態にあった。また蘇我氏は、東海の雄族・尾張氏と強く結ばれていた。つまり、ヤマト建国以来七世紀に至るまでのヤマト政権は、東国とうまくやっていたし、ヤマト建国後もっとも発展したのは東国（特に関東）で、東国はヤマト政権がもたらす新技術と移民を、むしろ歓迎していたのだ。そして、蝦夷が盤踞していたという東北地方北部にも、想像以上に古い段階で移民が流れ込んでいて、先住の民と上手に共存の道を歩んでいた。これは考古学が明らかにしている客観的事実だ。だから、『日本書紀』の東国蔑視そのものが、信じがたい事態なのである。

関東の力を削ぐための東北蝦夷征討

ではなぜ、『日本書紀』は東国を悪し様に描いたのだろう。ここに源氏や平氏と東国の関係を知るためのヒントが隠されている。

問題は、『日本書紀』によって大悪人に仕立て上げられてしまった蘇我政権が、東国と強く結ばれていたことだ。「蘇我改革政権」を支えていたのも、「東」だったのだ。だから蘇我氏を滅ぼして権力者の地位を奪い取った藤原政権は、東国が怖くて仕方なかったのである。

藤原政権は、都で不穏な動きがあると、必ず東に抜ける三つの関を閉めた。それが三関《さんげん》固守《こしゅ》で、その三つの関とは、先ほど掲げた東西日本を分ける、例の関だ。

東北蝦夷征討が本格化するのは、藤原不比等が実権を握ったあとのことだ。そして、藤原氏が一党独裁体制をほぼ固めると、切り札となる坂上田村麻呂《さかのうえのたむらまろ》を送り込み、最後まで抵抗した阿弖流為《あてるい》は京に連行され、殺されてしまった。

一方、恭順《きょうじゅん》した蝦夷たち（これを俘囚《ふしゅう》という）は、各地に移住させられた。とくに関東地方では、多くの俘囚が強制的に住まわされた。すると彼らは暴れ回り、これに便乗するならず者が増殖していき、先ほど述べた「無法地帯」と化していくのだった。

なぜ関東は、無法地帯になったのかといえば、理由は極めてはっきりとしている。すでに述べたように、関東はヤマト建国後めざましい発展を遂げ、「ヤマト政権に感謝していた」のだ。だから、稲荷山《いなりやま》古墳（埼玉《さいたま》県行田《ぎょうだ》市）から発見された鉄剣の銘文《めいぶん》には、雄略天皇の時代に都に出仕して武官として活躍した人物を誇らしげに記録していたのだ。

雄略天皇から蘇我系政権までが真の「改革派政権」であり、改革派政権は、東国のパワーを得て、西日本の既得権益に守られた人たちの利権を奪おうとしたのだ。それが中央集権国家への足がかりだったことになる。つまり、改革派政権は東国に支持され、かたや反動勢力であり、「自家だけが栄えればそれで良い」という藤原氏にとって、東国は「何としてでも力をそぎ落としたい地域」だったのである。

そこで藤原氏は、「関東の武力を東北に差し向けることによって、東国全体を疲弊させる」という策に出た。夷《い》をもって夷を制すというやり方だ。これが東北蝦夷征討の真相である。東北蝦夷の悲劇にばかり目が行くが、関東の民も、「いい迷惑」であり、「藤原政権を恨んでいた」のである。

ここまで来れば、なぜ関東の荒くれどもが源氏や平氏に靡《なび》いたのか、その意味がはっき

5世紀後半に造られた前方後円墳・稲荷山古墳

りとしてくる。

なぜ関東の荒くれどもは源氏や平氏に取り囲まれていたのか

それにしても、源氏や平氏は、なぜ臣籍降下《しんせきこうか》（皇族なのに、一般人になること）したのだろう。皇族の数が増えすぎてリストラにあったというのが、一般的な解釈だ。しかし、もうひとつ深い意味が隠されている。それは、藤原氏の思惑である。

天皇に女人を入内《じゅだい》させ、産まれ落ちた子を即位させることによって、藤原氏は安定した権力を手に入れることができた。律令制度の中で、「天皇の命令は絶対」だったが、その「命令」

とは、太政官《だいじょうかん》(現代風に言うと内閣)の意見だった。すなわち天皇とは「太政官の奏上《そうじょう》してきた案件を追認する」だけの存在だったのだ。ただし、藤原氏は律令(法律)の解釈では都合の悪くなる案件を、「天皇の命令」によってくつがえすという禁《きん》じ手《て》を使って政敵を煙《けむ》に巻いた。これも、藤原の子が天皇だったからできる芸当であった。天皇をうまく操縦するためにも、「天皇の母は藤原氏」でなければならなかったのだ。

天皇に皇族の女人が嫁ぎ、皇子が生まれれば、血筋という点で藤原氏は勝てない。だから、なるべく皇族の数を減らして、後宮《こうきゅう》を藤原の女人で固める必要があったのだ。だからこそ、天皇の子や孫は、どんどん源氏や平氏になったのである。

このカラクリがわかってくると、東国の荒くれどもの考えが、理解できる。彼らは「藤原政権の犠牲者」だった。だから、藤原氏が構築した秩序に反発し、関東で暴れ回っていたのだ。一方源氏や平氏も、藤原氏だけが美味《おい》しい思いをする平安京《へいあんきょう》から追い出された被害者だ。

つまり、関東の民は、藤原氏によって吸い取られた豊かな生活と秩序を取り戻すために、天皇の権威を背に関東に舞い下りた源氏や平氏に賭けたのだ。それはもちろん、ヤマト建国以降、ヤマトの王家と関東の間に築かれた信頼関係があったからこそであった。

なぜ関東の人間が「権威をひけらかす水戸黄門」を喜んで受け入れるのかといえば、ヤマトの王家とつながることで繁栄を享受してきたという遠い記憶が残っているからではあるまいか。

なぜ桃太郎の話をするために、関東の荒くれ者と源氏・平氏の話をしたかというと、雄略天皇が改革事業を進める上で、東国の後押しを受けていたことを確認したかったからだ。

五世紀のヤマトの王が力をつけていくきっかけは、朝鮮半島で高句麗が南下政策を採り、百済や新羅、伽耶諸国が、日本（倭国）に援軍を要請したこと、度重なる遠征によって、朝鮮半島における発言力が増し、ヤマトの王に注目が集まったからだろう。

そして、ヤマト政権が育て上げた関東の民は、優秀な軍事力の供給地となり、果敢に海を渡っていったのだった。この点、祭司王として首長層に担ぎ上げられ強い権力を持たなかった天皇家にとって、いざとなれば王の武力に変身するであろう東国の軍団は、心強い味方だったろう。この時代すでに、他地域よりも数段大きな前方後円墳を造営する力を蓄えていた関東の豪族たちは、中央の政治を動かそうと考えただろうし、その思いを雄略天皇に託した可能性は高かっただろう。

『日本書紀』に鬼あつかいされた聖徳太子

桃太郎を考える上で、雄略天皇は無視できない存在なのだ。何度も言うように、雄略天皇の時代、吉備は反乱を起こし、ここから吉備は衰退していく。とすれば、桃太郎と雄略天皇は、「吉備を成敗した」という共通点で結ばれていたことになる。

そして、雄略天皇が味方につけた人たちが、藤原氏勃興ののち、蔑まれていくのは、偶然ではないように思えてくるのだ。

このあたりの事情を、説明しておこう。

すでに述べたように、古代の日本人にとって、神と鬼は、表裏一体で、鬼は蔑まれる存在ではなかった。恐れられ、敬《うやま》われ、祀られてきた。鬼こそ神といっても過言ではなかったのだ。

ところが『日本書紀』が編纂《へんさん》されたころから、神と鬼は引き離され、「邪《あ》しき鬼《もの》」が独り歩きするようになる。「鬼」は「モノ」だったのに、「オニ」と呼ばれ、邪悪《じゃあく》な存在に貶《おとし》められていったのである。

この神と鬼の分離は、政権が東国や秦氏を蔑んでいく状況とよく似ている。さらに、鬼退治をする「小さ子」もまた、鬼とみなされていく。つまり、鬼（モノ）は「聖なる者と同類」だったのに、八世紀以降、「蔑まれる鬼（オニ）」に零落してしまったのだ。『日本書紀』編纂が契機とすれば、「モノのオニへの零落」の背後に、政治力学が作用していた可能性が高くなる。つまり、「藤原氏の正義」を証明するために、歴史の敗者や藤原氏の政敵は、みな「鬼」のレッテルを貼られていったわけである。

その具体例を、いくつか掲げておこう。信じられないかもしれないが、聖徳太子も、藤原氏に鬼あつかいされている。

『日本書紀』用明《ようめい》二年（五八七）七月条には、鬼退治をする鬼の聖徳太子が記録されている。物部守屋《もののべのもりや》と蘇我馬子《そがのうまこ》の戦《たたか》いだ。

蘇我馬子は多くの皇族や群臣を味方につけ、河内国《かわちのくに》の渋河《しぶかわ》（大阪府東大阪市）の物部守屋の館を囲んだ。三度攻撃したが、そのたびに押し返された。聖徳太子は戦況を見守っていたが、

「これでは守屋を破ることはできないだろう。願掛けをしなければならない」

といい、霊木《れいぼく》（白膠木《ぬりで》）を切り、四天王像を彫《ほ》り、髪をたぐりあげ、誓いを立てた。

「今もし我をして敵に勝たしめたまわば、必ず護世四王《ごせしおう》のために寺を興しましょうぞ（のちに大阪市天王寺区《てんのうじ》の四天王寺《してんのうじ》を建立《こんりゅう》している）」

蘇我馬子もこれに倣《なら》い、諸天王《しょてんおう》、大神王《だいじんおう》に誓いを立てた。

こうして軍を進めると、物部守屋の軍勢はあっけなく崩れていった。

ここで聖徳太子は、髪型が「束髪於額《ひさごはな》」だったと記されている。ヒサゴは瓢箪《ひょうたん》のことで、耳の脇で髪を束ねた姿が、瓢箪の形に似ているから、この呼び方になった。

それにしても、なぜ激戦のさなか、わざわざ髪型に言及する必要があったのだろう。これは、聖徳太子が「童子の姿」になったことを言っているのであって、ヤマトタケルがクマソ征討をするとき童女になったのと同じ意味が隠されている。すなわち聖徳太子は、童子の鬼退治をやってのけたわけだ。物部氏の「物（モノ）」は「鬼」と同意語であり、桃太郎伝説のひとつの原型が、こんなところに隠されていたわけである。

法隆寺《ほうりゅうじ》や元興寺《がんごうじ》、法興寺《ほうこうじ》（飛鳥寺《あすかでら》）など、聖徳太子ゆかりの深い寺々で、「聖徳太子孝《こう》養像《ようぞう》」など、聖徳太子が童子の格好で祀られることが多いのも、聖徳太子が童子＝鬼という暗黙の了解が、存在したからだろう。

えられた聖徳太子が、なぜ鬼の格好をしていたのだろう。いや、本当に聖徳太子がつかいされていたのだろうか。

徳太子の母も鬼と呼ばれていた

聖徳太子が鬼とみなされていたことは、他の資料からもうかがい知ることができる。聖徳太子の伝記を集めた『上宮聖徳法王帝説《じょうぐうしょうとくほうおうていせつ》』の中で、聖徳太子の母を「鬼前大后《かむさきのおおきさき》」と呼ぶ場面がある。これは穴穂部間人皇女《あなほべのはしひとのひめみこ》のことで、なぜ「鬼前《かむさき》」なのかと言えば、『上宮聖徳法王帝説』は、次のような丁寧な説明を加えている。

鬼前とは神前《かむさき》のことで、なぜかと言えば、穴穂部間人皇女の弟・崇峻天皇が石寸神前宮《いわれのかむさきのみや》で天下を治めていたからだ。穴穂部間人皇女がその宮に住まわれていたから、神前皇后《かむさきのおおきさき》と呼ばれたのではないか……。

一般に『上宮聖徳法王帝説』という文書は、法隆寺の関係者が、聖徳太子のことを広く

知ってもらうために、聖徳太子にまつわる伝承をまとめ、かき集めたものではないかと
れているが、もっとドロドロとした歴史が隠されていて、「『日本書紀』によって抹殺さ
てしまった聖徳太子の正体を、何とかして世に知らしめたい」と考えた人間が編んだのではないかと、筆者は疑っている。

そもそも、聖徳太子の正体を『日本書紀』が抹殺してしまったという話も、初耳かもしれない。聖徳太子が聖者扱いされ、必要以上に礼讃されているのは、ある目的があったからと、筆者は睨んでいる。聖徳太子が礼讃され、聖者・聖徳太子という幻想を生み出すことによって、蘇我氏が大悪人に見えてくるというトリックではないかと疑っているのである。

くどいようだが、『日本書紀』編纂時の権力者は藤原不比等で、父・中臣鎌足を顕彰する必要があったから、蘇我蝦夷《そがのえみし》と入鹿の親子を中臣鎌足が殺した事件を、まず正当化する
要があった。実際には蘇我氏こそ改革者であり、時代をリードしていた英雄で、かたや
足らこそ、反動勢力なのだった。だから、蘇我入鹿を大悪人に仕立て上げる必要が
だ。

本書紀』は、比類なき聖者・聖徳太子を創作し、しかも聖徳太子の死後、蘇

我入鹿が増長し、聖徳太子の子の山背大兄王と一族を滅亡に追い込んだという物語をでっちあげたのだ。

誰もが慕い、誰もが尊敬してやまない聖徳太子の息子とその一族の悲劇的な最期は、ドラマティックで、蘇我入鹿の「悪」は、こうして際立ったのである。

つまり、聖徳太子と蘇我氏は、鏡に映した表と裏であり、蘇我氏の改革事業の業績を、一度聖徳太子に預け、その上で、蘇我氏に改革潰しの大悪人というレッテルを貼り、正義の味方だった蘇我氏が、一転して大悪人に変身してしまったわけである。

この仮説を当てはめると、『日本書紀』や後の藤原政権にとっての聖徳太子とは、「本当は、だいっきらいな蘇我氏」のことで、だからこそ密かに鬼あつかいしていたということになろう。その一方で、聖徳太子の正体をのちの時代に伝えようと考えた『上宮聖徳法王帝説』の編者は、聖徳太子の母の名を「神前」でよいのにわざわざ「鬼前」の名に改め、聖徳太子が鬼とみなされていたことを強調したのだろう。

桃太郎の母の謎を解く

「小さ子」と「鬼」の強いつながりは、こうしてはっきりとした。そして昔話は古代史と深くつながっていたこと、歴史の勝者・藤原氏はかつての政敵を鬼と見下し、蔑視していくようになったこともわかってきた。また、秦氏と鬼の奇妙な関係も見えてきた。このあたりの事情はのちにもう一度触れることにする。

この時点で残された謎は、「父なき母子の神」「水辺の母神とその小さ子」である。では、「桃太郎の母」「処女懐妊《かいにん》する母」の謎を解く鍵はあるのだろうか。話は、古代の神と巫女の話に飛ぶ。

古代人は神を祀るのは女性の仕事と考えていた節がある。神社の巫女は、今でこそ神主の下で働いているように見えるが、たとえば伊勢の神を祀っていたのは斎宮《いつきのみや》（斎王《さいおう》）で、天皇の娘や姉、妹、オバなど近親の女性だ。伊勢神宮の秘中《ひちゅう》の秘《ひ》とされる心《しん》の御柱《みはしら》を祀ることができたのも、大物忌《おおものいみ》と呼ばれる童女だけだった。

祟る恐ろしい男神を祀るのは女性だった……。ここが重要なのである。

大嘗祭《だいじょうさい》のクライマックスで天皇は天の羽衣をまとって、神聖な存在となるが、天の羽衣は天女の衣裳であり、ここで天皇は女装して神と交わるのではないかと疑われている。つまり、天皇と神がつながるには、どうしても天皇が女性になる必要があったということなのである。

巫女は祟る恐ろしい神をなだめすかすための人身御供《ひとみごくう》と考えるとわかりやすい。出雲神話の中で、八岐大蛇《やまたのおろち》に差し出された乙女たちは、神祭りをしていたわけである。

巫女は神（男神）と性的な関係を持つことによって、神を和《なご》ませ、神から力を引き出すことができた。天皇と斎宮の関係は、まさにこれで、神につながった女性（斎宮）が神から授かったパワーを親族の男性（天皇）に放射すると、信じられていたのだ。これを「妹《いも》の力《ちから》」といっている。だから、古代の日本では、女性の発言力が強かったのである（今とまったく同じと思っているのは、私だけか?）。

また、「妹の力」を駆使した統治形態は、「ヒメヒコ制」と呼ばれている。神武天皇が南部九州からヤマトに東征したとき、ヤマトの地では、「兄猾《えうかし》・弟猾《おとうかし》」「兄磯城《えしき》・弟磯城《おとしき》」というように、それぞれの集落ごとに「兄妹（あるいは［姉弟］）」がコンビで統治していたとある。これが、「ヒメヒコ制」である。

これは余談だが、伊勢神宮の祭神は天照大神で、『日本書紀』はこれを「女神だった」

というが、伊勢の斎宮《さいぐう》は「伊勢の男神」と結ばれていたのであって、『日本書紀』の主張は疑ってかかる必要がある。その証拠に、伊勢の斎宮のもとには毎晩伊勢の神が通ってきて、その正体は「蛇」で、だから朝になると斎宮の寝床にウロコが落ちているという話が、まことしやかに伝わっている。やはり、伊勢の神は男神である。

斎宮は伊勢の神（男神）の妻なのだから、原則的には、任を解かれても、他の男と結婚はできなかった。天皇家は伊勢の神が男性であることを知っていたから、伊勢に女性を送りつづけたのだろう。大嘗祭で天皇が祀る神も男性だから、天皇は女装したということになる。それはともかく……。

古代の巫女は、男性に力を注《そそ》ぐだけではなく、現実の政治運営にも関わっていた。「魏《ぎ》志倭人伝《しわじんでん》」によれば、卑弥呼は「鬼道につかえ、よく衆《しゅう》をまどわす」と記録する。すなわち、卑弥呼はシャーマン（巫女）で、神霊に通じ、神託《しんたく》を用いて人びとを心服させ、国を治めていたというのだ。女王になってからあと、卑弥呼に会った者は稀《まれ》で、高齢になったが夫を持たず、弟が政務の補佐をしていたという。侍女《じじょ》千人がかしずき、ひとりの男が食事の世話をして、伝令役を務めていたという。これはまさに、「妹の力」であり、「ヒメヒコ制」である。

法興寺、元興寺との呼称もある飛鳥寺

「政」と書いて「マツリゴト」と読むように、神祭りと古代の政治は、深く結びついていたのだ。

このような慣習、信仰形態は、七世紀まで継承されていたようだ。『隋書《ずいしょ》』倭国伝には、隋《ずい》の開皇《かいこう》二十年（六〇〇）に倭国が使者を遣わした時のこと、その風俗を問いただしてみると、次のように答えた。

「倭王は天をもって兄となし、日をもって弟となす。日の明けぬうちに政殿に出て政務を執《と》り行い、あぐらをかいて座《すわ》る。陽《ひ》が出ると、弟と交替する」

隋の文帝《ぶんてい》はこれを聴き、「此《こ》れ太《はなは》だ義理《ぎり》無《な》し（道理に合わない）」といい、改めさせたという。

これは明らかに、ヒメヒコ制の名残《なごり》であった。

仏教が伝来したとき、初めに出家《しゆっけ》したのは女性たちで、これは「世界標準」で考えると不思議なことだった。尼寺はすでに建立されていたのに、法興寺（奈良県高市郡明日香村の飛鳥寺）が日本初の本格的寺院と讃えられるのは、ひとつの理由に、ここが「法師寺《ほうしじ》（法師とは、男性の僧）」だったからだ。

このような古代日本の「女性の力」「神と女性の強いつながり」を知れば、なぜ童子の母が処女出産するのか、もはや謎はなくなるのである。

すり替えられた太陽神

桃太郎の母の謎は、こうしてヒメヒコ制というヒントを得た。そして、神と巫女の聖婚こそ、謎を解く鍵であった。

ここにいたり、ひとつの疑念に行き着く。なぜ『日本書紀』は伊勢の神を女神と言い張るのだろう。本来の男神の正体を明かすことは可能なのだろうか。ここで「小さ子」の「ヒルコ」の話がポイントとなってくる。じつはここでも、藤原氏が謎解きの大きな鍵を握っていた。その事情を説明していこう。

そこでまず、ヒルコのすぐ近くで起きていた、意外な話を紹介しておこう。それは、出雲建国に関わっていたスサノヲのことだ。

スサノヲといえば、天皇家の祖神・天照大神の敵というイメージがある。乱暴者で、天上界《じょうかい》（高天原《たかまのはら》）で狼藉《ろうぜき》を働いている。地上界に放逐されたスサノヲは、出雲に棲《す》みつき、子（あるいは末裔）の大己貴神（大国主神）は、出雲を建国する。だが、天上界の神々は、出雲に国譲りを強要した。そして、天照大神の孫が、地上界を支配するために降臨してきたのだ。したがって、スサノヲや出雲神たちは、天皇家と敵対していた「悪いヤツら」ということになる。

ただし、スサノヲは一筋縄ではいかない多くの謎を抱えている。

たとえばスサノヲは、泣いてばかりいたと『日本書紀』はいい、その幼児性がうかがえる。スサノヲもまた、「小さ子」の類に入れるべきではないのか。

その一方で、「スサノヲこそ皇祖神《こうそしん》だ」と信じられていた時代があったとする説がある（『記紀神話伝承の研究』泉谷康夫《いずみややすお》　吉川弘文館）。どうしてそんな仮説が飛び出してくるのか、わかりやすく説明しよう。桃太郎とまったく関係ないように見えて、大いに関わりのあることだから、古代史の世界に、深く首を突っ込んでほしいのだ。

さて、伊勢内宮に祀られる天照大神は、男神の可能性が高い。ただし、朝廷の正式見解である『日本書紀』が「天照大神は女神」といっているのだから、これを否定することは、非常識なことになる。

しかし、朝廷や政府の正式見解だからといって、「真実」とは限らない。権力者だから嘘をつくということもありうるからだ。いや、権力者が歴史を編むのは、たいがいの場合、都合の悪い歴史を改竄《かいざん》し抹殺する目的がある。

すでに触れたように、天皇は大嘗祭で、「女装して神を祀る」という秘儀《ひぎ》を行なう。その目的は神と性的に結ばれること、とすればこの場合の神は男神だったことになる。

出雲神・大物主神を祀る大神神社（奈良県桜井市）には、不思議な言い伝えが残されていて、それが三輪流神道《みわりゅうしんとう》の教えにもなり、また謡曲《ようきょく》の題材にもなっている。それは、「伊勢と三輪は一体分身《いったいぶんしん》」で、ようするに、伊勢の天照大神と三輪の大物主神は、同じ神だ、といっている。

祇園祭《ぎおんまつり》の天《あま》の岩戸《いわと》の作り物の中から現れる天照大神は、ふさふさとヒゲを生やしている。伊勢斎宮のもとに伊勢の神が通ってきて、蛇のウロコが落ちていたという話も、「天照大神は男神」も暗黙の了解だったことを今に伝えている。

大物主神が伊勢の神と同一と言い出したのは、大神神社ではなく、伊勢外宮《げくう》の方で、ここにも大きな謎が隠されているが、ようするに出雲系の男性が本当の太陽神だった可能性は高い。

なぜ、伊勢の神が男神であったことにこだわるかというと、スサノヲが太陽神としてのヒルコと同一だったのではないかとする説があるからだ。

愛知県津島《つしま》市の津島神社には、スサノヲが「わが国の本主」だと伝えている。なぜ、天皇家の祖神ではなく、スサノヲが「本主」なのか。

天上界（高天原）でスサノヲは天照大神との間に誓約《うけい》を行ない、身の潔白《けっぱく》を証明したと『日本書紀』はいう。泉谷康夫は『記紀神話伝承の研究』の中で、これがヒルコとヒルメの聖婚だったのではないか、と指摘している。たしかに、ヒルコは発育が不完全だったが、スサノヲはヒゲが伸びたあとも、泣き止まなかった。そして、高天原から追放されている。『日本書紀』の中でヒルコが海に流され捨てられているのだから、ヒルコとスサノヲはよく似ている。

スサノヲは太陽神的性格（というよりも、太陽神そのもの）を持っていたわけだ。

これが真実なら、大きな問題が浮かび上がってくる。伊勢神宮の祭神は女神天照大神だと一般には信じられている。しかし、人びとは、「あれは男性」と信じていた節がある。『日本書紀』は、「天照大神は女性」といい、「いやいやいや」と、周辺の人間は否定していた。

そこでスサノヲに注目すると、太陽神的性格を帯びていたのに、『日本書紀』は、「太陽神は天照大神で、スサノヲは天照大神に嫌《きら》われていた」といい、地上界に追い払っていたことになる。

すると、ヤマト朝廷が本来祀っていた太陽神を、八世紀の『日本書紀』が「女神天照大神」にすり替えていた可能性は高くなるいっぽうなのである。

太陽神の「陽」は「凸《とつ》」、「♂」で、光を与え続ける。光を受けることで輝く月は「陰」なのだから、太陽神は本来男性がふさわしかったし、これが道理というものだ。道理をねじ曲げたのが、『日本書紀』なのであり、カラクリを用意したのは藤原不比等であろう。その理由は、歴史改竄の過程で、出雲の太陽神が邪魔になったにちがいない。

そして、大嘗祭のクライマックスで、天皇が天の羽衣を着込み、女装して「神と結ばれる」意味が、ここに来てようやく明確になってくるのである。

天皇は祖神の祟りを鎮めるために、女装して神と結ばれるのだ。そしてその神とは、天皇家の祖神であるとともに、男性の太陽神であった。

また、ここではっきりすることは、「桃太郎の母」の謎であり、童子の母が処女懐妊するのは、「神（男神）と母のつながり」によってこの世に生を享《う》けたからだ。だからこそ鬼を退治する力を、神から授かっているという伝説が生まれたのである。

また、吉備津彦命が滅ぼした温羅が、鬼のように恐ろしく、桃太郎は鬼退治をしたその理由は、本来神と崇《あが》められていた人たちが、政争に敗れ零落してしまったことと、関係がありそうだ。すなわち、神器《じんぎ》として珍重されていた金属冶金《きんぞくやきん》に携《たずさ》わる工人《こうじん》たちは、やがて聖なる者の地位から滑落し、鬼あつかいされるようになったのだろう。

桃太郎の背景が、ようやく見えてきた。

第三章

いじめられっこ・吉備

吉備はよくいじめられる

桃太郎の正体を知るためには、吉備の古代史に潜り込まなければならない。吉備はよくいじめられるのだ。ここに不思議がある。

その例をいくつか挙げてみよう。

最初は『日本書紀』崇神《すじん》十年九月条の記事だ。崇神天皇は、四人の将軍を四方に送り出した。これが四道将軍《しどうしょうぐん》で、その中に吉備津彦命《きびつひこのみこと》が選ばれ、西道《にしのみち》（山陽道《さんようどう》）に遣《つか》わされることになった。

天皇は詔《みことのり》して、

「もし教えに従わないようであれば、兵を挙げて討《う》て」

と命じ、印綬《いんじゅ》を授けて四人を将軍とした。ところが、武埴安彦《たけはにやすびこ》（崇神天皇の叔父）が乱を起こしたため将軍たちはまずこれを鎮圧《ちんあつ》した。そして十月、天皇は群臣《まえつきみ》に次のように詔した。

「今、背《そむ》いた者はことごとく成敗《せいばい》し、畿内《きない》は平穏を取り戻した。ただし、外の地域には、荒ぶる者どもがいまだに騒いでいる。将軍たちは、ただちに出立せよ」

こうして四道将軍は四つの地域に向かった。そして翌十一年夏四月、四道将軍はヤマトに戻り、夷狄《いてき》を手向《たむ》けてきたと報告した。ただし、ここには具体的な山陽道の制圧状況は、記されていない。

一方『古事記』には、少し違った記事が載る。まず、崇神天皇の時代、大毘古命《おおびこのみこと》（大《おお》彦命《びこのみこと》）が高志道《こしのみち》（北陸地方）に、子供の建沼河別命《たけぬなかわわけのみこと》が東海道側の地域に、日子坐王《ひこいますのみこ》は旦波国《たにはの》（丹波国《たにわの》、丹後国《たんご》）に遣わされたとあり、山陽道が省《はぶ》かれている。だからこの場合、四道将軍ではない。

ところが、それ以前、孝霊天皇《こうれい》の段《だん》で、次の記事がある。大吉備津日子命《おおきびつひこのみこと》（比古伊佐勢理毘古命《ひこいさせりびこのみこと》）と若建吉備津日子命《わかたけきびつひこのみこと》（二人は孝霊天皇の子で異母兄妹）が針間《はりま》（播磨《はりま》）の氷河之前《ひかわのさき》（兵庫県加古川市加古川町《かこがわしかこがわちょう》の氷丘《ひおか》）に神事《しんじ》に用いる瓶《かめ》を据《す》えて神を祀《まつ》り、針間を拠点にして吉備国を言向《ことむ》け和平《やわ》した（平定した）。だから、大吉備津日子命は吉備の上《かみつ》道臣《みちのおみ》の祖《そ》で、若日子建吉備津日子命《わかひこたけきびつひこのみこと》は吉備の下道臣《しもつみちのおみ》、笠臣《かさのおみ》の祖だという。また、若日子建吉備津日子命の同母兄の日子寤間命《ひこさめまのみこと》は針間の牛鹿臣《うしかのおみ》の祖、大吉備津日子命の同母兄の日子刺肩別命《ひこさしかたわけのみこと》は高志《こし》（北陸）の利波臣《となみのおみ》、豊国《とよのくに》（大分県）の国前臣《くにさきのおみ》、五百原君《いおはらのきみ》、角鹿《つぬが》（福井県）の海直《あまのあたい》の祖だという。

この『古事記』の記事を信じれば、吉備津彦命（大吉備津日子命）はヤマトの大王の子で、吉備を制圧した人物ということになる。そして、ここで強調しておかなければならないのは、『日本書紀』も『古事記』も、崇神天皇やその前後の時代、吉備がヤマトによって征服されたと記録していたことだ。

ところで、『日本書紀』景行《けいこう》二十七年十二月条には、クマソ征討《せいとう》を終えたヤマトタケルが、海路《かいろ》でヤマトに帰るおり、吉備に悪神がいて、これを殺したとある。この記事は、『古事記』にはない。『日本書紀』を信じれば、これがヤマトの吉備征討の二回目、ということになる。

なぜ吉備は何回もいじめられたのだろう。

雄略天皇と吉備の争い

くどいようだが、第十代崇神天皇は実在の初代王と考えられている。ヤマト建国が三世紀後半から四世紀にかけてのこと。この時代に崇神天皇がヤマトを治めていたと考えられる。そして、ヤマトタケルは第十二代景行天皇の子だが、実際にはヤマト建国前後の人物と思われる（詳しくは、最終章でもう一度確認する）。

いずれにせよ、『日本書紀』の記事を参考にすれば、ヤマト建国前後に、ヤマトは吉備を征伐《せいばつ》していたということになる。

吉備とヤマトはその後も争っていたようだ。特に、雄略天皇の時代、決定的な亀裂が生まれたようだ。その様子を、『日本書紀』の記事から拾い上げてみよう。

雄略七年八月、吉備で事件が起きた。

きっかけは、舎人《とねり》（天皇や皇族に近侍《きんじ》し、身の回りを世話し、護衛《ごえい》する下級官人《かんじん》。首長層《ちょうそう》から貢進《こうしん》された）の吉備弓削部虚空《きびのゆげべのおおぞら》が休暇をとって帰郷したことだった。ところが、虚空は、なかなか都に戻ってこなかったのだ。吉備下道臣前津屋《きびのしもつみちのおみさきつや》が、勝手《かって》に虚空を使役《しえき》してしまったからである。

そこで雄略天皇は、使者《ししゃ》を吉備に遣わした。すると、召《め》された虚空は、次のように述べた。

「前津屋は少女を天皇になぞらえ、また女を自らになぞらえて戦わせました。少女が勝つと斬り殺してしまいました。それに、小さな雄鶏《おんどり》を天皇の鶏と呼んで毛を抜き翼を切り落とし、大きな雄鶏を私の鶏といい、鈴や金の蹴爪《けづめ》をつけて戦わせました。毛を抜かれた鶏が勝つと、斬り殺してしまいました」

吉備下津臣前津屋に、謀反《むほん》の意志があるかのような報告だ。この話を聞いた雄略天皇は、物部連《もののべのむらじ》の支配する部民《べみん》の兵士三十人を遣わし、前津屋とその一族七十人を成敗させたのである。

吉備とヤマトの争いは、さらに激化していくのである。前津屋の事件の直後の話だ。『日本書紀』の雄略七年是歳《このとし》の条に、次のような記事が載せられている。

この年、吉備上道臣田狭《きびのかみつみちのおみたさ》は、自分の妻・稚媛《わかひめ》の美貌《びぼう》を周囲に吹聴《ふいちょう》した。友人に、

「わが妻の美しさよ」

と、自慢したという。稚媛は吉備上道臣の一族の女人で、『日本書紀』の別伝には、吉《き》備窪屋臣《びのくぼやのおみ》の娘とある。吉備にゆかりの深い女人であることは間違いない。

これを知った雄略天皇は喜び、稚媛を手に入れようと考えた。

雄略天皇は、田狭を朝鮮半島最南端の任那《みまな》（伽耶諸国《かやしよこく》）の国司《こくし》に任命し（ようするに邪《じや》魔《ま》になって飛ばしてしまったわけだ）、夫の留守中に、ついに稚媛を手に入れてしまったのである。

田狭は任那で、妻が雄略天皇に奪われてしまったことを知り、隣国の新羅《しらぎ》に救援を求めた。新羅はこのとき、倭国（日本）と袂《たもと》を分かち、朝貢《ちようこう》していなかったのだ。

田狭と稚媛の間には、すでに二人の子があった。兄君《えきみ》と弟君《おときみ》で、雄略天皇は弟君と吉備《きびの》海部直赤尾《あまのあたいあかお》に詔して、「新羅を討ってこい」と命じた。だが弟君は、百済《くだら》から新羅に向かったものの、戦わずして百済に戻り、動こうとしなかった。

田狭はこれを知って喜び、使いを百済に差し向け、弟君に、

「天皇はわが妻を横取りし、すでに子まで産ませた。災《わざわ》いはわれらにおよぶだろう。だからお前は、百済に留まり、日本に通じてはならない。私も任那にあって、日本とは通じないから」

と告げた。ところが弟君の妻・樟媛《くすひめ》は、国を愛する気持ちが強く、この「謀反（田狭の行動）」を憎んだ。そこで夫の弟君を殺し、吉備海部直赤尾とともに、百済の才伎《てひと》（技術者、職人）を連れて帰ってきたのである。

ただし、『日本書紀』は、次の異伝を用意している。田狭臣の妻は、葛城襲津彦《かつらぎのそつびこ》の子・玉田宿禰《たまたのすくね》の娘の毛媛《けひめ》で、雄略天皇はその美しさに目が眩《くら》み、夫を殺して掠奪《りゃくだつ》してしまったというのである。

こちらが本当なら、田狭に罪はなかったことになる。

星川王《ほしかわのみこ》の乱と吉備の敗北

もうひとつ、吉備臣弟君についても異伝がある。弟君は百済から帰国して、百済の才伎らを朝廷に献上した……。やはりこれを信じれば、彼らに落ち度はない。

これだけではない。もうひとつ吉備が朝廷に刃向かう大きな事件が起きていたから、よほどのことだ。この時期の吉備は異常だ。それは、雄略天皇崩御《ほうぎょ》の直前、雄略二十三年に、前兆が記録されている。

雄略天皇はこのとき病の床に伏せり、大伴室屋大連《おおとものむろやのおおむらじ》らに、遺詔《いしょう》して次のように述べている。

「世は平穏であり、人々は平安に暮らしている。だが今、星川王は悪い企みを持っている。兄弟の義を欠いている」

と述べたという。星川王の謀反に警戒するように、という遺言である。

『日本書紀』は、星川王について、「一本に云《い》はく」と、別伝を用意し、星川王の性格が悪く荒々しいことは、天下に知れ渡っていたといい、だから天皇は、のちに皇太子の身に危険が及ぶと心配したというのだ。

ここにある皇太子とは、雄略と葛城円大臣《かつらぎのつぶらのおおおみ》の娘の韓媛との間の子で、白髪武広国押稚日本根子《しらかのたけひろくにおしわかやまとねこ》天皇、このあと即位される清寧《せいねい》天皇のことである。

また、ここに登場する星川王は、雄略天皇と吉備上道臣の娘で雄略天皇に略奪された稚媛との間の子で、雄略元年三月の条には、星川稚宮皇子《ほしかわのわかみやのみこ》という名で登場している。

吉備稚媛《きびのわかひめ》は星川皇子《ほしかわのみこ》（星川王）に、

「天位に登ろうとするのなら、まず大蔵《おおくら》の官《つかさ》（国家の財政を管理する役所、今日的に言えば財務省）を取りなさい」

とけしかけたのだった。

すると星川皇子は、母親の言うとおりに、大蔵の役所の門を閉ざし、財を私物化してしまった。

大伴室屋大連らは、雄略天皇の遺詔が現実になったとして、皇太子にお仕えしお守りしようと述べ、大蔵を軍勢で囲み、火を放って母子ともども焼き殺してしまった。

このとき、吉備上道らは、都で騒ぎになっていることを聞きつけ、吉備系の星川皇子に加勢しようと、吉備から軍船四十隻を率いてやってきたが、すでに星川皇子らが殺されてしまったことを知り、やむなく引き返したという。

そこで天皇は使者を遣わし、吉備上道臣の所領する山部《やまべ》を奪った。一方大伴室屋大連らは、璽《みしるし》(レガリア)を皇太子にたてまつったのである。

この一連の説話が、吉備氏反乱説話である。

なぜ、雄略天皇の時代に、集中して吉備とヤマトは争ったのだろう。

古代の日本人は果敢に海に飛び出した

すでに触れたように、考古学的には、五世紀後半の吉備の衰弱は、確かめられている。五世紀半ばに王家と肩を並べるほど巨大な前方後円墳を造営していた吉備だったが、徐々に前方後円墳の規模は小さくなっていくのである。

そこで吉備を知るために、そもそも、なぜ吉備は発展したのかから考えてみよう。発展の条件は何か……。

最大の理由は、瀬戸内海である。

すでに述べたように、吉備津神社の本殿脇からまっすぐに延びて下る長い廻廊の先は、古くは海だったという。吉備発展の鍵を握っていたのは「海」だ。日本人は古来優秀な海の民であり、吉備が海運の要衝《ようしょう》だった。

日本列島は海に囲まれた東海の孤島で、われわれの先祖たちは、勇猛果敢《ゆうもうかかん》に海に飛び出していった。すでに旧石器時代（縄文時代よりも前の話だ）、黒潮を突っ切り、伊豆諸島の神津島《こうづしま》まで、黒曜石《こくようせき》を採りに出かけていった人がいた。これは、想像以上に危険を伴うことだ。黒潮は幅一〇〇キロ、流速は三〜四ノット（四ノットだと時速約七・四キロ）もあり、ひとたび流されれば、もとに帰ることは不可能だ。だから、かつては旧石器時代人や縄文人が神津島まで渡っていたことなど、想定もしなかった。しかし、蛍光X線分析によって、長野県で神津島産の黒曜石がみつかって、大騒ぎになったのだ。

一寸法師がお椀の舟に箸の櫂を使って淀川《よどがわ》を遡《さかのぼ》ったのも、「民族の血が騒いだから」なのかもしれない……。

瀬戸内海から見た山陽道は、すぐ山が迫っていて、とてもではないが、徒歩で移動する気になれない地形だ。山陽新幹線が新神戸を過ぎるとトンネルだらけになってしまうから、事情はすぐにわかっていただけるだろう。中国地方に高山はないが、起伏が連続する厄介《やっかい》な土地だったのだ。だから、ヤマトと西を結ぶルートは、瀬戸内海航路を使った方が、便利だったのだ。

古代の日本人は海を大いに活用したものだ。

たとえば「魏志倭人伝《ぎしわじんでん》」は、対馬《つしま》の人びとが農業だけでは食べていけないので、南北に市糴《してき》(交易)していたと記録する。

実際対馬を訪ねればわかることだが、あの広大な島の中に、平地はごくわずかで、あとは深い山と森だ。高低差が激しく、人が住む場所も限られている。大陸や朝鮮半島の人びとから見れば、大海の孤島で、しかも食糧を自給できないような場所に、なぜ暮らさねばならぬのか、不思議だっただろう。しかし、海の民にとって、日本列島と朝鮮半島を結ぶ中継ポイントである対馬は、とても大切な場所だったのだ。つまり、われわれの御先祖様たちは、果敢に海に飛び出すチャレンジャーだったのである。

たとえば、白村江《はくすきのえ》の戦い（六六三）で日本は大敗を喫するが、この時の遠征軍は『日本書紀』の記録を信じれば四万弱にのぼる。話半分として、さらに慎重に考えて、実際の派兵が一万人としても、それを運ぶ舟は膨大な数にのぼり（兵二万余に対し百七十余隻と『日本書紀』は言う）、その大船団《だいせんだん》を送《おく》り込《こ》むだけの実力を、日本は備《そな》えていたことになる。どう考えても、古代日本は「海の国」「水運の国」だったのである。

なぜ水運にこれだけこだわるかというと、吉備の重要性は、まさに「海」に隠されていたからだ。

瀬戸内海は、古代から近世に至る日本列島の物流の大動脈だった。内海で安全だからという理由も大切だが、もっと大きな意味を持っていたのは、潮流だろう。

歌謡曲「瀬戸の花嫁」のイメージが焼き付いて、瀬戸内海は穏やかな海と信じている人も少なくない。ところが、瀬戸内海の潮流は、恐ろしいほど速い。

瀬戸内海の魚が抜群にうまいのは、速い潮流に逆らって泳ぎ、筋肉質になっているからだ。タコだって、歯ごたえがまったく違う。瀬戸内海の小さな島の民宿で出されるタコは、想像を絶するうまさだ。

瀬戸内海は多島海で、水中は複雑な地形をなし、東西から流れ込んできた満ち潮、東西に引いていく引き潮は、島々の間をすり抜けるとき圧力が加わり、スピードを上げる。だから、潮の満ち引き、潮流のクセを知っていれば、労力なく船を進めることが可能だったのだ。だから、瀬戸内海は、海の民の楽園だったのである。

海賊は悪くない

瀬戸内海の海の民は気位が高く、独立心が強かった。だから権力者は、手を焼いたし、水軍を味方に引き入れることに必死だった。

瀬戸内海の民がなかなか権力に靡《なび》かなかったのは、瀬戸内海の海流が複雑な動きをして、「瀬戸内海の往き来」が経験と知識と技術を必要としたからだ。

『播磨国風土記《はりまのくにのふどき》』賀古《かこ》の郡《こおり》の条に、次の話が残されている。

第十二代景行天皇が摂津《せっつ》の国の高瀬《たかせ》（大阪府守口市高瀬町《もりぐちしたかせちょう》。淀川の河口付近）の渡し場で、川を渡ろうと思い、渡し守《もり》に頼んでみた。すると、紀伊《きい》の国生まれの渡し守は、

「私は天皇の召使いではない」

と、断ったのだった。そこで景行天皇は、

「そう、固いことを言わずに」

と、親しみを込めて懇願した。すると渡し守は、

「駄賃《だちん》を払うなら、話は別だ」

というので、景行天皇は身につけていた高価な縵《かずら》（髪飾り《かみかざ》）を舟に放り投げた。すると舟は光り輝き、渡し守は、

「たしかに駄賃はいただいた」

と、舟を出した……。

海の民の実力を、まざまざと見せつけている。天皇でさえ思うように動かせなかったのだ。

ではなぜ、瀬戸内海の中でも吉備がもっとも栄えたのかといえば、答えは簡単なことで、東西から流れ込んだ満ち潮が、吉備の沖合《おきあい》でぶつかり、また東西に引いていくからだ。すなわち、瀬戸内海を航行する船は、必ず吉備の沿岸に船を寄せ、潮待ちをする必要があったのだ。

ところで、温羅《うら》と吉備津彦命を巡《めぐ》る伝承《でんしょう》の中で、温羅は海賊行為をしていたというが、瀬戸内海の海の民は、水軍であるとともに海賊でもあった。

海賊たちには自分たちが「悪いことをしている」という意識はなかっただろう。それには、明快な理由があった。理屈は、以下の通り。

海の民は、縄張《なわば》りを通過する船に対し、金銭を要求する。それは、けっして私利私欲のためではない。

「ほら、あそこに見える島に祀られている神様にお賽銭《さいせん》を上げないと、大変な目に遭いますよ。神様、怒らせない方がいいですよ。お賽銭、われわれが届けてあげますよ」

と、懇切丁寧《こんせつていねい》に教えてあげるわけだ。びびったよそ者の船乗りたちは、お賽銭を差し出す……。地元の海の民は、なにも悪いことをしていない。ただし、よそ者が賽銭を払わなければ、

「神様に代わって、お仕置きよ!!（セーラームーンか）」と、襲いかかるわけである。彼らは、海の神を思うあまり、余計なことをしてしまうだけなのであった。もちろん賽銭は、神社に奉納し、また、残りをみなで分配する。これが、海賊たちの大義名分なのであった。

余談ながら山賊も、海賊と同じことをしていた。すなわち、彼らは私設の関を守り、神を崇《あが》める優しい人たちだったのだ。神様に賽銭を差し出さない通行人が悪いのだ。

そしてここにも、「神（神社）と鬼（海賊、山賊）」のコンビが生きているようにも思えてくる。日本って、本当に面白い。

吉備の変化

瀬戸内海は、海の民の楽園だった。そして、ヤマトと北部九州や朝鮮半島を結ぶ、もっとも大切なルートだったのだ。だからこそ、弥生時代後期に富を蓄えた吉備は大いに発展し、ヤマト建国の中心メンバーになりえたのだし、五世紀半ばには、陵墓《りょうぼ》の規模でヤマトの大王家に肩を並べ、実力では王家を圧倒してしまったのだ。

しかし、吉備の強みは吉備の弱点でもあった。もし仮に、ヤマトの王家が実力を蓄えてしまえば、吉備勢力は邪魔になる。大切な航路の要衝は、奪い取るのが手っ取り早い。だから、吉備は追い詰められていったのではなかろうか。

すでに述べたように、吉備は伝説の中で、よくいじめられた。それは、地勢上の必然だったように思えてくる。ヤマトが成長すれば、吉備は独立を維持することはできなかったということだろう。そして五世紀後半に、反乱を起こしたと『日本書紀』はいう。

考古学的には、五世紀後半以降の吉備の没落は、ほぼ確かめられている。前方後円墳の規模が縮小しただけではない。その過程で、何が起きていたのか、少しずつわかっているようだ。

雄略天皇の戦略は、吉備の力を分散し、周辺から切りくずそうとするものだったようだ。

たとえば、備後《びんご》北部の三次《みよし》盆地は、三千基の古墳が密集する地として名高いが、五世紀の大古墳群が、二十のグループを形成し、分かれていたことだ。前方後円墳の規模も小さく、数も極めて少ない。逆に、円墳や帆立貝形《ほたてがいがた》古墳の数が多い。

帆立貝形古墳は前方後円墳とよく似ているが、前方部の先を切って短くしている。上から見れば、まさに帆立貝のように見える。一般に、この形の古墳に埋葬される首長は、独立性に乏《とぼ》しく、ヤマトの王家に頭が上がらない人びとだったと考えられている。

ヤマトで誕生した前方後円墳は、各地に伝播し、ゆるやかな連合体（ヤマト政権）が生まれたが、各地の首長はヤマトに隷属《れいぞく》したわけではなく、強い発言権を保持していた。すなわちヤマトは、寄せ集め国家であり、地方の首長が力を出し合って王家を支えていたわけだ。

その中でも、もっとも力と富を蓄えていたのが吉備であった。ヤマト政権は、饒速日《にぎはやひの》命《みこと》の末裔《まつえい》（物部氏《もののべ》）が実質的に動かし、彼らの故地《こち》は、吉備であったはずだ。その吉備では、ヤマトの王家を脅《おど》かしかねない巨大な前方後円墳も造営されたのだ。ところが、五世紀中葉以降の三次盆地に出現したのは、「ヤマトを支え、ヤマトに影響力を持つ首長層」ではなく、「ヤマトの大王に逆らえない首長層」だった。ヤマトから、「前方後円墳は造らせない」と、裁断《さいだん》を下されたのだろう。

ただし、これは在地首長層の弱体化ではなく、この地域で新たな勢力が勃興《ぼっこう》してきたのではないか、とする説がある。

たとえば古瀬清秀《ふるせきよひで》は、帆立貝形古墳の副葬品《ふくそうひん》に武器や武具が多い点に着目し、被葬者《ひそうしゃ》たちは畿内政権と密接につながり、古い共同体社会の枠《わく》を突き破った人びとではないかと指摘している（『吉備の考古学』近藤義郎《こんどうよしろう》・河本清《かわもときよし》編《へん》 福武書店《ふくたけしょてん》）。

円大臣《つぶらのおおおみ》の滅亡と一言主神《ひとことぬしのかみ》の受難

吉備の古代史を語る上で無視できないのが、ヤマトの「葛城《かつらぎ》」だ。当時吉備と葛城は、つながっていたのである。

吉備が反乱を起こすよりも早く、雄略天皇は「葛城」を滅ぼしている。

雄略天皇はクーデターに際し、円大臣の館《やかた》に逃げ込んだ皇族ともども皆殺しにしてしまったが、円大臣こそ、当時最大の権力を握っていた長者であり、葛城氏を代表する人物であった。葛城氏の拠点は、奈良盆地の西南部である。

葛城氏の没落は、雄略天皇と一言主神《ひとことぬしのかみ》の邂逅《かいこう》説話でも、推《お》しはかることが可能だ。一言主神は葛木坐一言主神社《かつらぎにいますひとことぬしじんじゃ》（奈良県御所市《ならけんごせ》）に祀られる。「一言さん」と呼ばれ、親しまれる。ひと言で願いをかなえてくれるというのだ。

『日本書紀』には、次のようにある。

雄略天皇四年の春二月のこと、葛城山《かつらぎさん》に狩りに出かけた雄略天皇の一行の前に、天皇とそっくりな人物（長人《たきたかきひと》）が現れた。これが神であることを悟ったが、雄略は名を問いただしてみた。するとやはり、現人神《あらひとがみ》であることを告げ、

「そちらから先に名乗れ」

ということなので、雄略は名乗り、神も「一言主神」であると答えた。

このあと二人は意気投合し、狩りを楽しみ、日が暮れるまで馬の轡《くつわ》を並べた。神は天皇を畝傍山《うねびやま》の西まで送ったが、これを目の当たりにした人びとは、

「なんと徳の高い天皇なのだ」

と賞賛した。

この記事を読むかぎり、雄略天皇と一言主神は、仲がよい。

『古事記』雄略天皇段には、次のような話が残っている。

天皇が百官《もものつかさ》を引き連れ、葛城山に登ったとき、向かいの山の尾根から山の上に登る一

行を見かけた。よく観ると、天皇の装束《しょうぞく》、行列の人数、どれもこちらと同じ。天皇はこれを見て、この国には自分をおいてほかに王はないのに、これはどうしたことかと質《ただ》すと、その男も天皇とまったく同じ質問を返してきた。怒った天皇は弓に矢をつがえさせると、相手も同じように矢をつがえた。

そこで天皇が名を問うと、

「吾《われ》は悪事《まがごと》もひと言、善事《よごと》もひと言、言ひ離《はな》つ神《かみ》、葛城《かづらき》の一言主大神《ひとことぬしのおほかみ》ぞ」

と答えたので、天皇はかしこまって、弓矢はおろか、百官の着ていた服をすべてこの神に捧《ささ》げた。

やはり、ここでも雄略天皇は、一言主神とうまくやっている。ところが、『続日本紀《しょくにほんぎ》』には、まったく異なることが記されている。天平宝字《てんぴょうほうじ》八年（七六四）十一月条に、おおよそ次のような記事が載る。

高鴨神《たかかものかみ》を大和国《やまと》葛上郡《かつらぎのかみのこおり》（御所市）に祀った。高鴨神について、賀茂朝臣《かものあそん》らは次のように述べた。

「その昔、雄略天皇は葛城山で狩りをしました。老人がいて、天皇と獲物を争った結果、天皇は怒り、その人を土佐《とさ》に流してしまいました。先祖の祀る神が老人になって現れたのですが、放逐《ほうちく》されてしまいました」

『日本書紀』を読んでもこの事実は書かれていなかった。しかし淳仁《じゅんにん》天皇は人を遣わし、元の場所に祀らせた……。

この記事に従えば、雄略天皇は一言主神と争ったことになる。祖神《そしん》を祀っていた者が、「どうか、元の場所で祀らせてほしい」と懇願したというのだから、『続日本紀』の記事が正しいのだろう。葛城氏の没落と一言主神の放逐の時期が重なるのだから、整合性がある。

葛城と吉備を引き裂いた雄略天皇

長い間共存してきたヤマトの巨大豪族と大王家は、なぜここにいたり、対立の図式を鮮明にしていったのだろう。

門脇禎二《かどわきていじ》は『吉備の古代史』（ＮＨＫブックス）の中で、次のように述べる。

この時期の大和朝廷が河内湖《かわちこ》の干拓《かんたく》・河内平野の開発という大事業を展開していただけに、この事業のなかで、葛城首長家は、葛城山の西麓の南河内の在地首長をしたがえて、いっそう勢力を伸ばし、これが大王家の危機感をつのらせたことが想定される。

はたして、もともと力を持たなかった大王家が、葛城氏の伸張《しんちょう》を恐れただろうか。むしろ逆ではあるまいか。すなわち、葛城氏の方が、雄略天皇という化け物大王の出現におびえ、対決姿勢を鮮明にしていったのではあるまいか。ヤマトの王の変質が、この時代の特徴だと思う。

弱かったヤマトの大王が、強い王を目指した……。雄略天皇の出現は、日本中に衝撃をもたらしたにちがいない。そして、雄略天皇は、おそらく東国の力を借りて、改革事業を推し進めたのだろう。既得権益を振りかざし、瀬戸内海の流通を支配していた者を、まず潰そうと考えたにちがいない。標的になったのが、葛城氏と吉備氏であった。

葛城氏の没落が吉備氏にとっても大きな痛手だったはずだ。というのも、吉備氏と葛城氏は、婚姻関係を結び、瀬戸内海の利権を共有していた可能性が高いからである。

雄略七年是歳の条に記された吉備上道臣田狭の妻・稚媛について、『日本書紀』分注は、稚媛の本の名は「毛媛《けひめ》」で、葛城襲津彦の子・玉田宿禰の娘だと言っている。すなわち、葛城氏と吉備氏の政略結婚の間に入って邪魔をしたのが雄略天皇ということになる。

すでに、弟君と新羅の話はしてあるが、これら一連の話は、新技術を携えた渡来人のヤマトと吉備の奪いあいだったとも考えられている。

平林章仁《ひらばやしあきひと》は『謎の古代豪族　葛城氏』（祥伝社新書）の中で、吉備氏と葛城氏の婚姻関係について、次のようにまとめている。

これは瀬戸内の海運をおさえている吉備氏と葛城氏の連携を示すものでもある。対外交渉を主導する葛城氏には、吉備氏との連携は必須だった。さらに、雄略天皇が吉備上道臣田狭の妻を奪取したことは、葛城氏と吉備氏の連携を断絶しようとするもくろみを示している。

まさにその通りだろう。地勢上、葛城氏は朝鮮半島につながる海の道の要衝をおさえる吉備氏と敵対できないし、逆に吉備氏にしても、ヤマトを敵に回すことはできなかった。雄略天皇出現以前のヤマトの権力者は葛城氏だから、当然吉備氏は葛城氏と姻戚《いんせき》関係を結んだのだろう。

そして問題は、吉備とヤマトの間に、禍根《かこん》が残ったことだ。星川王の反乱をふり返れば、吉備上道臣の娘・稚媛は無理矢理夫と引きはなされ、雄略天皇のもとに嫁がざるを得なかった。そして、二人の間に生まれた子が星川王であり、稚媛はわが子に謀反をそそのかしている。これは、稚媛だけではなく、吉備全体の恨みであったかもしれない。『日本書紀』は星川王を最初「星川稚宮皇子《ほしかわのわかみやのみこ》」と呼んでいる。「稚宮」の「稚」は「童子《どうじ》」の意味で、もちろん「鬼」をさしている。

神社で「稚宮」「若宮《わかみや》」といった場合、多くは祟《たた》る神を祀っている。理由はあらためて説明するまでもあるまい。「童子は祟る鬼」だからである。

星川王の反乱時、吉備上道は吉備から軍船四十隻を率いて駆けつけたが、王の死を知り、やむなく引き返したという。やはり、吉備はヤマトを恨み、星川王を立てて、大逆転を企んでいたのだろう。

出雲を成敗した吉備津彦命

ヤマト建国以来、いじめられてばかりの吉備。

しかし、実際に吉備がいじめられたのは、雄略天皇登場後の話であって、それ以前のヤマトと吉備の関係は、「富と力を蓄えた吉備が、ヤマトの大王を支えていた」のだから、ヤマトが吉備をいじめるなどということは、考えられない事態なのだった。

そこで改めて、脚光を浴びるのが、吉備をいじめた吉備津彦命である。

吉備津彦命が活躍したのは、第十代崇神天皇の時代だった。何度も言うように、この天皇は「ハックニシラス天皇」と呼ばれ、実在する初代王と考えられている。ヤマト建国にもっとも貢献したのは吉備であって、五世紀半ばまで、順調に発展を続ける。そうであるならば、崇神天皇が差し向けた吉備津彦命による吉備征討は信じがたい事態であり、また、吉備に残された温羅と吉備津彦命の伝説を、どのように考えれば良いのか、大いに悩まされる。そして、吉備津彦命と桃太郎は、どのようにしてつながり、それは、古代史とどのように関わってくるのか、大きな謎が横たわる。

そこで改めて、吉備津彦命について考えてみたいのである。

吉備津彦命とは何者なのだろう。まずは、『日本書紀』と『古事記』に記された吉備津彦命の活躍を、もう一度簡単にふり返ってみよう。

『日本書紀』も『古事記』も、吉備津彦命は第七代孝霊天皇の子と言っている。初代神武《じんむ》天皇の子の第二代から第九代の天皇にいたる、いわゆる欠史八代《けっしはちだい》は、架空の存在と考えられているから、吉備津彦命自体の実在性も危ぶまれる。けれども、物部氏、尾張《おわり》氏、蘇我《そが》氏ら、古代史の主役級の大豪族が、ヤマト建国から九代にいたるこの時期に登場し、しかも、王家と婚姻関係を結び（あるいは王家から分かれた）という事実を軽視することはできない。吉備津彦命がこの時代に出現したからといって、安易に斬り捨てることはできないのである。

さて、『日本書紀』によれば、崇神十年に吉備津彦命は四道将軍のひとりとして西道《にしのみち》（山陽道）に遣わされようとしたが、その前に武埴安彦の謀反が勃発し、この鎮圧に向かった。このの ち西道の夷狄《いてき》を平《たい》らげた。ここまでは、すでに触れている。問題は、このあとだ。五十年後に吉備津彦命は出雲に赴いている。大切な場面なので、詳しく記しておく。

崇神六十年秋七月、天皇は群臣に詔して、次のように語った。

「武日照命《たけひなてりのみこと》（出雲臣《いずものおみ》の祖）出雲大神《いずものおおかみ》の宮（杵築大社《きづきのおおやしろ》＝出雲大社、あるいは熊野《くまの》大社）に祀られる出雲国造家《いずもこくそうけ》の祖の武日照命が天から持ち来たった神宝《かんだから》を、観てみたい」

そこで矢田部造《やたべのみやつこ》（物部系）の遠祖武諸隅《とおつおやたけもろすみ》を遣わした。

出雲の神宝を管理していたのは、出雲臣の遠祖・出雲振根《いずものふるね》だったが、この時出雲振根は筑紫《ちくし》（九州）に出向いていたので、弟の飯入根《いいいりね》が対応し、素直に命令に従い、神宝を献上したのだった。

筑紫から戻ってきた出雲振根はその話を聞いて、激怒した。

「私が帰ってくるまで、なぜ数日待てなかったのだ。なぜかしこまって簡単に神宝を渡してしまったのだ」

と、弟を誹《そし》った。怒りのおさまらない出雲振根は、とうとう弟をだまし討ちにして殺してしまう。そこで崇神天皇は吉備津彦命と武渟河別《たけぬなかわわけ》（四道将軍のひとり。東海地方に向かった）を遣わし、出雲振根を成敗させたのである。

崇神十年に吉備津彦命が西道に派遣され、言向《ことむ》け和平《やわ》したと『日本書紀』にはあるが、具体的にどのような活動をしていたのか、はっきりと記されていなかった。しかしここでは、「朝廷に逆らう出雲振根を退治した」と記されている。吉備津神社の社殿が出雲を意識して建てられているという話と、何やらつながりがありそうで、気になる。そして、一連の事件で出雲いじめに向かったのが、物部系の矢田部造と吉備津彦命だったことも、留意しておきたい。

『日本書紀』に記された吉備津彦命の活躍は、これだけだ。これに対し『古事記』には、吉備国平定の話が載る。くどいようだが、『日本書紀』は吉備征討の具体的な行動を記さずに、出雲振根征討を載せた。かたや『古事記』は、吉備津彦命の出雲征伐の話は取りあげていない。なぜ、二つの文書の話は食い違うのだろう。

応神《おうじん》の妃兄媛《きさきえひめ》が吉備にもどった話

ヤマト建国後出雲は没落し、吉備は発展していくのだから、吉備津彦命に限っていえば、『日本書紀』の記事を信用すべきだろう。吉備津彦命は出雲没落のきっかけを作った人であった可能性が高い。そして、ヤマト建国直後に出雲を邪魔にしたのは吉備だろうから、吉備津彦命は、吉備出身ではあるまいか。

吉備津彦命最大の謎は、なぜヤマトから吉備を攻めたのに、「吉備津彦命」の名が与えられたのか、ということだ。「津」は港の意味で、「吉備の海を支配するために吉備の港を押さえていた男」なのであり、非常に在地性の高い名でもある。むしろ、吉備津彦命は吉備で生まれたと考えた方が、すっきりとする。

そしてもうひとつ、考古学（物証）を積み重ねれば、ヤマト建国直後に、ヤマト政権が吉備を攻め、平定したという『古事記』の記事内容を信じるわけにはいかない、ということである。

それだけではない。「吉備臣」の祖は吉備津彦命ではない。『古事記』は「御鉏友耳建日《みすきともみみたけひ》子《こ》」といい、『日本書紀』は吉備津彦命の弟の「稚武彦命《わかたけひこのみこと》」といっている。吉備津彦命も、彦《ひこ》五十《い》狭芹彦命《させりびこのみこと》という名がある。ここに、大きな不思議が横たわる。吉備臣とは、何者なのだろう。

ちなみに、御鉏友耳建日子は、ヤマトタケル東征の場面でちょこっと現れる。「吉備臣の祖」がヤマトタケルに添《そ》えられた、という話だ。ただし、興味深いのはヤマトタケルと「吉備」のつながりで、このあとの系譜記事に、ヤマトタケルは吉備臣建日子《きびのおみたけひこ》の妹の大吉《おおき》備建比売《びたけひめ》を娶《めと》ったとあり、この「建日子」が御鉏友耳建日子と同一ではないかと疑われていて、またヤマトタケルの母が、吉備臣らの祖・若建吉備津日子命の娘と記される。じつをいうと(もう言ってしまったが)、ヤマトタケルは、「吉備だらけの人脈」なのだ。ここにも、大きな謎が隠されている。そしてヤマトタケルと吉備の関係がここから先、意外な形で吉備の歴史に影を落としていく。

そこで注目されるのが、『日本書紀』応神二十二年条に記された、吉備出身の妃・兄媛の話だ。

ちなみに応神天皇はヤマトタケルの孫だ。また、のどかな話に見えるが、実際にはヤマトが吉備に圧力をかけている。

応神二十二年春三月、兄媛は長年別々に暮らしていた父母に会いたいと懇願した。応神天皇はこれを許し、淡路《あわじ》の海人《あま》八十人を召し、水手《かこ》にして、兄媛を吉備に送らせた。四月に兄媛は大津《おおつ》(難波《なにわ》の港)から吉備に向かって出立した。秋九月、応神天皇は淡路島《あわじしま》で狩りをなさり、さらに吉備に行幸し、小豆島《しょうどしま》で狩猟《しゅりょう》をされた。

応神天皇は葉田《はだ》の葦守宮《あしもりのみや》(岡山県総社市東部《おかやまけんそうじゃ》)に遷《うつ》られた。そこに兄媛の兄・御友別《みともわけ》が参内《さんだい》した。その兄弟や末裔を膳夫《かしわで》（食膳《しょくぜん》の調理《ちょうり》を司《つかさど》る）として、天皇の食事に奉仕させられた。天皇は御友別がかしこまってお仕えしている様子をご覧《らん》になり、とてもうれしく思われた。そこで吉備国を割いて、その子たちに封じられた。すなわち、川島県《かわしまのこおり》を長子で下道臣の祖の稲速別《いなはやわけ》に、上道県《かみつみちのこおり》を次男で上道臣や香屋臣《かやのおみ》の祖の仲彦《なかつひこ》に、次に三野県《みの》三野臣《のこおりみののおみ》の始祖《しそ》・弟彦《おとひこ》に、波区芸県《はくぎ》を御友別の弟で笠臣の始祖・鴨別《かものわけ》に、苑県《その》苑臣《そののおみ》の始祖で御友別の兄・浦凝別《うらこりわけ》に封じ、また、織部《はとりべ》を兄媛に下賜《かし》した。彼らの末裔が吉備国にいるのは、この縁による。

この話は、吉備系諸枝族《しぞく》の始祖伝承を兼ねている。これが、無視できない。注目すべきは吉備氏の大本になった御友別だ。「ワケ（別）」は、稲荷山鉄剣銘《いなりやまてっけんめい》に「乎獲居臣《をわけのおみ》」とあるように、本来地方豪族の称《しょう》で五～六世紀ごろ、地方に領地《りょうち》を下賜された皇族を呼ぶようになり、すると御友別の名は、それ以前の古い伝承だった可能性が出てくる。

吉備を服従させた天皇

門脇禎二は『吉備の古代史』の中で、『古事記』景行天皇のヤマトタケル東征説話の段に登場する吉備臣の祖・御鉏友耳建日子と御友別は関係が深いと指摘している。その理由は、少し複雑だ。

ヤマトタケルの系譜を思い出していただきたい。ヤマトタケルは「吉備臣建日子の妹の大吉備建比売」を娶ったといい、吉備臣建日子は御鉏友耳建日子と「建日子」でつながるため、両者は同一と考えられている。『日本書紀』には吉備武彦《きびのたけひこ》の名で登場し、やはりヤマトタケルの東征に同行している人物だ。吉備武彦は吉備津彦命の弟の稚武彦命の孫である。

また門脇禎二は、「御鉏友耳建日子」の名は、御友別に由来するといい、その上で、次のように述べる。

すなわち、御友別は御鉏友耳建日子とつながり、御鉏友耳建日子は吉備臣建日子につながり、吉備臣建日子は吉備武彦なのだから、吉備氏の祖を巡る伝説は、『日本書紀』に登場する吉備武彦に「吸収されたもの」と指摘している。そして、応神二十二年条の吉備の首長たちの伝承は、「かれらの先祖たちが王として吉備に君臨していたころの、王の系譜の一部を伝えているものと判断する」といっている。その上で、吉備国は、単一の王家と王統が支配していたのではなく、「首長同盟」「首長連合」を形成していたと推理したのである。

しかし、もう少し違った見方が可能だ。

考古学が証明するまでもなく、五世紀半ばの吉備には、ヤマトの王家と肩を並べる巨大な前方後円墳が存在した。これは、吉備の首長が、吉備一帯をまとめ上げ、強大な勢力を誇っていたことを示している。そして、五世紀後半、吉備は衰退していく。その過程で、ヤマトによる切り崩しがあったと考えられている。ならば、吉備は五世紀後半に「首長連合」に組み替えられていったのではなかったか。この過程を描写したのが応神二十二年の例の説話であろう。一見して穏やかな愛情物語だが、実際には、応神天皇の吉備支配の布石とみて間違いない。

どこにそんな恐ろしいことが書いてあるかというと、「膳夫」である。天皇の食事の支度をする姿に応神天皇は満足し、うれしく思ったとあるが、食事を用意することはすなわち、服属《ふくぞく》したことを意味した。だからこそ、応神は、満足したわけである。

逆に言うと、吉備はなかなかヤマトに従おうとしなかったと深読みすることも可能なのだ。てこずったからこそ、応神はうれしかったということになる。

そして、もうひとつ問題なのは、最初御友別が現れたとき、吉備は「分解されていなかった」ということであって、御友別が吉備を束ねていたであろうことである。

それを、応神が無理矢理引き裂いて細分化したのだろう。強要したにもかかわらず、御友別が抵抗することなく、服従の意志を示したこと、応神がそれをみて満足したという設定に、話の恐ろしさが潜んでいたのである。

そしてもちろんこの事件は五世紀後半に起きていたのであった。吉備を追い詰めたのは応神天皇ではなく、実際には雄略天皇だったはずなのだ。

ヤマトと吉備にまつわる大きな誤解

ここでもう一度、『古事記』『日本書紀』『先代旧事本紀《せんだいくじほんぎ》』『新撰姓氏録《しんせんしょうじろく》』や吉備の神社伝承を駆使して、吉備の人脈、吉備とヤマトの関係を、再現してみよう。

まず、四道将軍となり、温羅退治の伝承を残す吉備津彦命は、意外にも吉備に人脈らしい人脈を残していない。吉備津彦命の末裔自体、影が薄い。三井根子命《みいねこのみこと》が葦北国造《あしきたのくにのみやつこ》になったという話があるが、葦北とは現在の熊本県水俣市《くまもとけんみなまた》、八代市《やつしろ》、葦北郡周辺で、吉備とはまったく縁がない。ただし、吉備津彦命の姉に倭迹迹日百襲姫命《やまとととびももそひめのみこと》（同母姉弟）がいることは、注意を要する。ただし、倭迹迹日百襲姫命は大物主神《おおものぬしのかみ》の妻となり、ホトを突いて亡くなった、あの箸墓《はしはか》の主である。

吉備につながっていくのは、吉備津彦命の弟（異母弟）の稚武彦命（若日子建吉備津日子命）である。

稚武彦命の長女と次女は、どちらも景行天皇に入内《じゅだい》している。姉の播磨稲日大郎姫《はりまのいなびのおおいらつめ》は、大碓命《おおうすのみこと》と小碓命《おうすのみこと》の双子《ふたご》を産んでいる。小碓命がヤマトタケルである。稚武彦命の孫の吉備武彦は、ヤマトタケルの東征に参加しているが、二人は従兄弟の関係にあった。

吉備武彦の子は、意加部彦命《おかべひこのみこと》、建功狭日命《たけいさひのみこと》、吉備穴戸武媛《きびあなとたけるひめ》、御友別命《みともわけのみこと》、鴨別命《かもわけのみこと》、兄媛だ。建功狭日命は角鹿《つぬが》国造になっている。穴戸武媛は、ヤマトタケルの妃になった。兄媛は応神天皇の妃となり、父母に会いたいと吉備に戻ってきた、あの人物だ。吉備の人脈はさかんにヤマトや地方に向かって進出している。

この吉備津彦命、稚武彦命ら、吉備氏にまつわる系譜をみていて、ふとここで、気付く

ことがある。それは、

「われわれは何か、とても大きな誤解をしていたのではないか」

ということである。

われわれは、吉備の歴史を『日本書紀』とともに、「ヤマト側」からみていたのだ。吉備はヤマトにやられてしまう地域だった。けれどもそれは、『日本書紀』が、勝手に決め付《つ》けていたことであり、『日本書紀』は、ヤマト建国時の吉備の活躍を抹殺してしまっていたのである。

吉備津彦命はヤマトから吉備に向かったと『日本書紀』は言う。だから、どうしても発想は、ヤマトから吉備へというベクトルが頭から離れないのだ。しかし実際には、「吉備からヤマトへ」だった可能性が出てくるのである。

考古学は、「ヤマト建国の中心に立っていたのは吉備かもしれない」といっている。そして、箸墓（箸中山《はしなかやま》古墳）が完成したころ、ヤマト政権が成立したという。その箸墓に眠っているのは倭迹迹日百襲姫命で、天皇の娘だが、吉備氏の縁者でもあった。

すでに触れたように、『日本書紀』は、ヤマト建国のいきさつを熟知していて、だからこそ歴史をうやむやにしてしまった可能性が高い。問題は、ヤマト建国に大活躍した二つの地域が、バッサリと抹殺されていたことだ。それが吉備と東海地方の尾張であり、しかも、吉備と尾張に支えられていたのがヤマトタケルであった。『日本書紀』や『古事記』の説話のなかでヤマトタケルはひとりでヤマト建国を演じきっていたのである。

ヤマトタケルは神話の域を脱していないと信じられている。ヤマトタケルという人物が実在したはずがないとされている。しかし、なぜかこの偶像《ぐうぞう》は、九州と出雲を成敗し、東国をまとめ上げている。これは、考古学の示すヤマト建国と、よく合致する。

偶像にしては、あまりにもヤマトタケルは「リアル」なのだ。ヤマトタケルは「歴史の裏側を知り過ぎている」と思う。歴史の真相を知っていた何者かが、ヤマト建国の歴史をヤマトタケルという偶像に仮託《かたく》し、多くの真実を闇に葬《ほうむ》ってしまったのだろう。

そして、ヤマトタケルに吉備人脈がこびりついてがんじがらめにしている事実は、無視できないのである。

神の天皇の謎

ヤマトタケルこそ、吉備の謎を解く大きなヒントだったのだ。そこで、ヤマト建国について、改めて考えておかなければならない。ヤマトの初代王の話だ。ヤマトタケルは第十二代景行天皇の子で、実在の初代王は第十代崇神天皇といわれているのだから、ヤマトタケルがヤマト建国に携わっているという話は、にわかには信じられないだろうからである。

そこで注目しておきたいのは、「神の天皇」である。

歴史上、「神」の名を背負った天皇は三人存在する。それは、初代神武天皇、第十代崇神天皇、第十五代応神天皇だ。そして、応神天皇の母・神功皇后《じんぐうこうごう》は、即位していないが、「神」の名を与えられた。

「神武」や「応神」という天皇の諡号《しごう》は「漢風諡号《かんふうしごう》」といい、『日本書紀』編纂《へんさん》時にはなかったもので、のちの時代に淡海三船《おうみのみふね》によって編み出されたものだ。多くが漢籍《かんせき》（中国の書籍）から二文字を引用している。

もともと『日本書紀』は、歴代天皇の和風諡号《わふうしごう》を掲げていた。神武天皇は「神日本磐余彦尊《かむやまといわれびこのみこと》」。崇神天皇は「御間城入彦五十瓊殖天皇《みまきいりびこいにえ》」といった具合だ。

さて、「神」の名を負った三人の天皇には、共通点がある。それは、「みな初代王」ということだ。神武天皇は『日本書紀』も認めた初代王。通説は、第十代崇神天皇こそが実在の初代王で、神武は天皇家の歴史を古く見せかけるために、崇神天皇の業績を二つに分解した、と推理している。神武天皇も崇神天皇も、どちらも「ハックニシラス天皇」と称《たた》えられていること、神武天皇の記事は最初と最後が記され、真ん中がすっぽり抜けているが、崇神天皇はその逆で、二人の記事を合わせれば、ヤマトの初代王の歴史になるとされている。

では、第十五代応神天皇はどうだろう。

史学界では三王朝交替説が有力視されている。第十代崇神天皇の次に、応神天皇が「河内王朝」をうち立て、その後六世紀初頭に継体《けいたい》天皇が越《こし》（北陸）からやってきて、今日につづく王家をうち立てたというのだ。

つまり、応神天皇は「河内王朝の初代王」であり、それどころか、筆者はこのあと述べるように、応神と神武は同一人物で、ヤマトの初代王と考える。もしこれが本当なら、初代王はみな、神の名を持つことになる。

「それはそうだろう。新たな王家を立ち上げた人物なのだから、神のような人、神のような偉大な業績を残した人と崇められたのだろう」

と、普通は考えるだろう。しかし、「神は祟る鬼」と信じられていたことを知れば、「なぜ初代王は鬼なのか」と、首をひねりたくなってくるのである。

天孫降臨《てんそんこうりん》の真似《まね》をした応神天皇

そう思って『日本書紀』を読み返してみると、「なるほど」と、合点がいく。たしかにみな、「鬼」の条件を揃えていることに改めて驚かされるのだ。

たとえば神武天皇は、武力で敵を圧倒したわけではなく、呪《のろ》いを駆使して玉座《ぎょくざ》を手に入れることができた。神武は呪う鬼のように恐ろしい天皇だった。崇神天皇は自身が鬼なのではなく、「祟る恐ろしい神(鬼)を崇めた」のだ。応神天皇はどうかというと、神武天皇と同じで、ヤマトを呪い、呪術《じゅじゅつ》によって政敵を排除している。

問題は、なぜ淡海三船が、神武と崇神と応神の三人だけに「神」の名を振り付けたのか、ということである。

淡海三船は、『日本書紀』がばらばらにしてしまったヤマト建国の歴史を、「神という隠《いん》語《ご》」を駆使して、一つの歴史にもどってほしいと願い、「本来は同じ時代に活躍していた三人」に「神」の一文字を与えたのではあるまいか。

問題は、初代神武天皇と第十五代応神天皇が同時代だったなどということが、本当にあり得るのだろうか、ということである。

この話は、吉備や桃太郎とまったく関係ないように見えて、のちのち大きな意味を持ってくるので、ここではっきりとさせておきたい。

さて、注目すべきは応神天皇である。

『古事記』は上中下の三巻からなるが、上巻は神話を、中巻は初代神武天皇から第十五代応神天皇まで、下巻は第十六代仁徳《にんとく》天皇から第三十三代推古《すいこ》天皇までを記録している。

問題は中巻で、神武東征から歴史時代に突入しているのだが、その後の記述は神話と似たり寄ったりで、現実に起きていたこととは思えない。その最たる例が、ヤマトタケルを巡る説話だった。通説は『古事記』中巻を、神話と歴史の間を取り持つ巻と推理している。

下巻は仁徳天皇からはじまり、この天皇の時代を人びとは「聖　帝《ひじりのみかど》の世」と称えたと記される。始祖王にふさわしい記事といえよう。

応神天皇の母は、九州から朝鮮半島に征討に向かう際に臨月《りんげつ》にあたっていたが、腰に石を挟むという呪術を用いて出産を遅らせた。新羅を圧倒して九州に戻り、応神は誕生する。神功皇后は妊娠中「新羅は産まれ落ちる子の支配する土地だ」と神が告げたと言い、だから応神は「胎中天皇《たいちゅうてんのう》」と呼ばれた。母の子宮に守られて九州で誕生した応神天皇は、「胞衣《えな》（羊膜《ようまく》）」に包まれて地上界（葦原中国《あしはらのなかつくに》）に舞い下りた天皇家の祖神・天津彦彦火瓊瓊杵尊《あまつひこひこほのににぎのみこと》とそっくりだという指摘がある。

応神天皇は、説話の中で天孫降臨神話の真似をしている。

桃太郎は古い歴史と民俗を今に伝えている

さらに、応神天皇は九州から東に船を漕ぎ出し、政敵を蹴散《けち》らしてヤマトに入るのだが、この様子は神武東征にそっくりだ。したがって、応神天皇は天孫降臨神話と神武東征を一人で演じきっていたことになる。

さらに、『日本書紀』は応神天皇の母・神功皇后の時代に、「魏志倭人伝」の邪馬台国《やまたいこく》記事を取りあげている。つまり、『日本書紀』編者は神功皇后を邪馬台国の女王（卑弥呼《ひみこ》か台与《とよ》のどちらか）に比定《ひてい》していることになる。とすれば、応神天皇とヤマト建国がつながってくる。

もちろん通説は、この『日本書紀』の記事を信用していない。第十代崇神天皇が初代王なのだから、第十五代応神天皇と時代が重なるはずがないという。これは、まっとうな考えだと思う。しかし、『日本書紀』は歴史を書き替えるために、涙ぐましい努力を重ねていると思う。そして現代人も、まんまと『日本書紀』のカラクリにだまされてしまったのだ。

けれども考古学調査が進展し、『日本書紀』はヤマト建国のいきさつをかなり知っていた可能性が高くなってきて、ようやく『日本書紀』の仕掛けた歴史改竄《かいざん》のからくりが見えてきたのである。

すでに述べたように、ヤマト建国に吉備と尾張が大活躍していたのに、『日本書紀』はまったく記録していなかった。ところが、吉備と尾張に支えられたヤマトタケルという神話もどきの説話が用意され、密かに「吉備と尾張の活躍」を、語っていたのである。

応神天皇はヤマトタケルの孫なのだから、ヤマト建国の基礎固めをヤマトタケルが行ない、準備が整ったところで、応神天皇が登場したという筋書《すじが》きは、ヤマト建国にぴったりと重なってくるのである……。

桃太郎の謎を解くために、大きな回り道をしてしまったようだ。

しかしここにいたり、大きなヒントを得ることができたのだ。

天孫降臨で天津彦彦火瓊瓊杵尊は胞衣に包まれて産まれ落ちた。応神天皇は母のお腹に人一倍長く宿り、日本海を渡って帰還したときに生まれた。どちらも、「包み込まれて生まれた」のであり、これが桃太郎と通じてくることは間違いない。

だからといって、天津彦彦火瓊瓊杵尊や応神天皇が桃太郎だったと言いたいのではない。桃太郎説話の背後には、神話を信じていた時代から継承されてきた信仰や民族が隠されているのであって、さらに、話の裏側には、正史『日本書紀』によって抹殺されてしまった本当の歴史が、隠されていたかもしれないということなのである。

ならば、その抹殺されてしまった歴史をどうすれば解き明かすことができるのだろう。桃太郎は謎解きのヒントになるのだろうか。

吉備はいじめられっ子だった。しかし、吉備をいじめにやってきたのは、吉備津彦命で、なぜか「吉備」の名を背負っていたのだ。この矛盾は、はたして解けるのだろうか。

そこで次章で、桃太郎と吉備津彦命にまつわる伝承の、どこに真実の歴史が隠されていたのか、その謎解きに、迫ってみよう。

第四章

物部氏と桃太郎

桃太郎の謎を解く鍵を握っているのは物部氏

本当は、第一章から書きたくてしょうがなかったのだが、ようやく言います。

「桃太郎の謎を解く鍵を握っているのは、物部氏です!!」

ああ、すっきりした。

なぜ、物部氏と桃太郎がつながってくるのか、もちろん説明が必要だ。最大の理由は、物部氏が吉備《きび》とつながってくることが大きい。ただし、これまで、物部氏と吉備が同一という考えは、認められてこなかった。そこでまず、物部氏と吉備の関係について、お話ししておこう。

物部氏は古代最大の豪族だ。原田常治《はらだつねじ》が『古代日本正史』(同志社)の中で、物部氏の祖《そ》・饒速日命《にぎはやひのみこと》と出雲神《いずもしん》・大物主神《おおものぬしのかみ》を結《むす》びつけたことによって、あまり知られていなかった物部氏が、古代史ファンの間で脚光を浴びるようになった。だからいまだに、物部ファンは多い。ただし、饒速日命と大物主神は、同一ではない。饒速日命の末裔は、むしろ出雲を攻める側へまわっている。

では、饒速日命は何者かといえば、『日本書紀』には次のように登場している。

神武《じんむ》がまだ九州の日向《ひむか》（宮崎県と鹿児島県の一部）にいたときのこと、塩土老翁《しおつちのおじ》なる者が神武に対し、次のように語った。

「東の方角に美しい国があり、天磐船《あまのいわふね》に乗ってすでに飛び降りた者がいます」

この、「美しい国」こそ、ヤマトで、これを聞いた神武は、

「ここは天下に君臨するに適した土地だろう。国の中心の地ではないだろうか。その天から飛び降りたというのは饒速日命であろう」

と語った。御子《みこ》たちも同意したので、神武は東遷《とうせん》を決意したのだった。

その後、神武はヤマト入りにてこずる。ヤマトの土着の首長《しゅちょう》たちの抵抗に遭《あ》うのだが、そんな中、最大の敵・長髄彦《ながすねびこ》とのやりとりの中で、饒速日命が登場してくる。長髄彦は言う。

「昔、天神《あまつかみ》の子がおりまして、天磐船に乗り天から降りてこられました。名付けて櫛玉《くしたま》饒速日命《にぎはやひのみこと》と申します。私の妹・三炊屋媛《みかしきやひめ》を娶り、子を産みました。名付けて可美真手《うましまでの》命《みこと》（宇摩志麻治命《うましまぢのみこと》）と申します。だから私は、饒速日命を君《きみ》として仕えてまいりました。天神の子は二人いるものでしょうか。あなたは天神の子と偽《いつわ》って人の土地を奪おうとし

ているのですか。私が思いますに、これは本当のことではないでしょう」

すると神武は、「天神の子は大勢いる」といい、二人は、天神の子である証拠を見せ合ったのだった。

それでも長髄彦は、神武を迎えいれようとはしなかった。すると饒速日命は、長髄彦の心がねじ曲がっていて、いくら教えても、神と人の違いを理解できないだろうと考え、殺し、神武に恭順《きようじゆん》した。

これが、物部氏の祖・饒速日命を巡る『日本書紀』の記事である。

三世紀の人の流れは「西から東」ではなく「東から西」

『日本書紀』の記事からわかることは、饒速日命が神武天皇よりも早くヤマトにやってきて、君臨していたということだ。わかっていないことは、饒速日命がどこからヤマトにやってきたのかだ。これは、大きな謎ではないか。

ちなみに、神や人がヤマトにやってきた順番は、まず出雲神・大物主神が神話の時代に、次に饒速日命が天磐船に乗って舞い下りてきたが、この時すでにヤマトには長髄彦が存在していて、長髄彦の妹を娶ることによって両者は手を結んだというから、(1) 大物主神、(2) 長髄彦、(3) 饒速日命、(4) 神武天皇となり、大物主神は出雲から、神武は九州からやってきたことがわかっている。ならば、饒速日命の出身地は、なぜはっきりしないのだろう。

かつて、邪馬台国《やまたいこく》北部九州論が優勢だったころ、饒速日命は北部九州から東に向かったのではないかと考えられていた。その根拠は、邪馬台国は北部九州にあって、これが東遷してヤマトが建国されたであろうこと、そして、物部系の密集地帯が北部九州に存在するため、饒速日命は天皇家の尖兵《せんぺい》としてヤマトに乗り込んだのだろうという。その根拠のひとつは、『日本書紀』に、「饒速日命も神武も、どちらも天神の証拠の品を持っていた」と記されていたことだというのである。

なるほどもっともなことだ。しかし、物部氏は北部九州だけに集住していたわけではない。それ以外の地域にも物部氏は勢力圏を広げていて、彼らの出身地が北部九州でヤマトに移ったという証拠は、どこにもない。

第二に、邪馬台国が北部九州にあって東に移動したという発想は、もはや通用しなくなってしまったのだ。邪馬台国が北部九州に存在したことが否定されたといっているのではない。ヤマト建国に果たした北部九州の役割、影響力は、想像以上に小さかったことが、次第に明らかになってきたのだ。纒向《まきむく》誕生の過程で、北部九州勢力は出遅れ、隅に追いやられた印象が強い。

もちろん、北部九州の鉄器保有量はヤマト建国後も他地域を圧倒するほどだったが、ここで注目したいのは、ヤマト建国前後の日本列島の人の流れだ。古代人は土器を背負って旅をした。外食チェーン店も、立ち食いそば屋も、気の利いた旅館もない時代だったから、「マイ土器」は、必要不可欠だったのだ。このため、どの地域の人がどこに、どれくらい移動していたのか、おおよその見当がつく。纒向にどの地域から人が集まったのかも、これでわかる。考古学は、ここまでやってくれるのだ。

ヤマト建国前後、これまでは「西から東」に、人や文物が流れたに決まっていると信じられてきた。しかし、実際には、東海からヤマトへ、出雲から九州へ、ヤマトから九州へと、「東から西への移動」が、積極的になされていたのだ。かつての常識は、考古学の厖《ぼう》大《だい》な史料から、覆されてしまったのである。

この事実は、邪馬台国東遷論を吹き飛ばし、饒速日命尖兵説も、否定しているように思

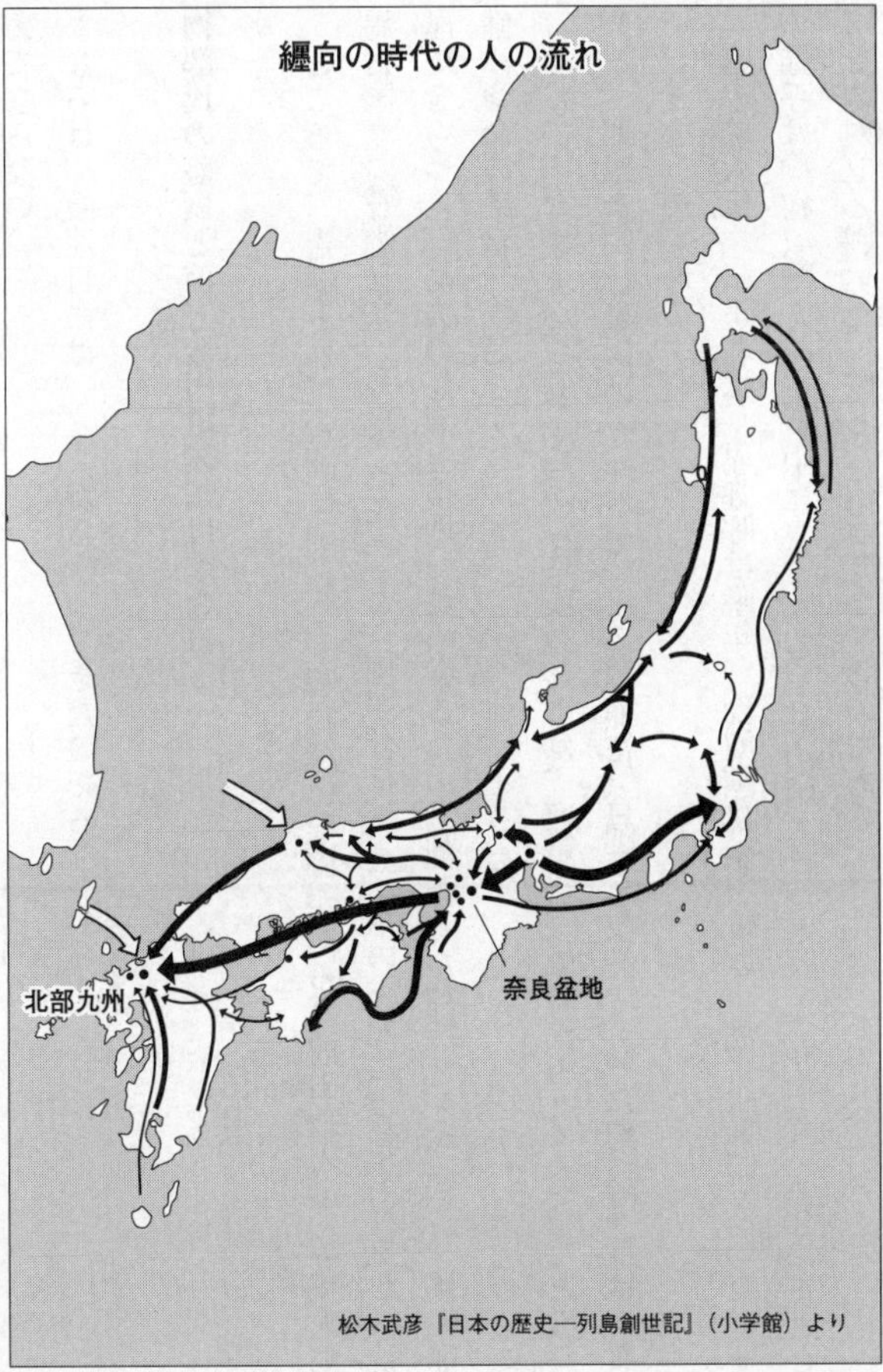
纒向の時代の人の流れ
奈良盆地
北部九州
松木武彦『日本の歴史―列島創世記』(小学館)より

えてならない。

ならば、饒速日命は、どこからやってきたのだろう。

物部氏の盛衰と前方後円墳体制は重なる

ところで、吉備と邪馬台国に関して、興味深い指摘がある。前田晴人《まえだはると》は、『桃太郎と邪馬台国』（講談社現代新書）の中で、吉備津神社は「王権の支配に根強く反抗し抵抗した歴史をもつ吉備勢力の怨念を現地で鎮め祭るために創祀した神社」と指摘し、桃太郎は吉備津彦命の系譜的後裔《こうえい》とする。

そして、ヤマトが吉備をさかんに攻めたのは、邪馬台国の時代のことだったと推理している。邪馬台国は畿内のヤマトで、吉備は邪馬台国と対立していた狗奴国《くなこく》にほかならない、というのである。

「魏志倭人伝《ぎしわじんでん》」によれば、卑弥呼《ひみこ》は晩年、狗奴国に手を焼き、魏《ぎ》に訴え出ていた。そして卑弥呼は、狗奴国との交戦中に亡くなる。前田晴人は昔話桃太郎こそ、「邪馬台国と狗奴国との対立と戦いを反映した伝承」とするのである。

しかし、この考えを支持することはできない。理由は簡単なことだ。

邪馬台国畿内論者は、邪馬台国に至る行程「北部九州沿岸部から南に進む」の「南」を「東」に読み直している。一方狗奴国はヤマトの「南」にあったと「魏志倭人伝」は言う。畿内論者の言い分を信じるなら、南は東と理解しなければならず、狗奴国はヤマトの東に存在しなければおかしい。だから、「狗奴国＝吉備国」を受け入れることはできないし、三世紀半ばにヤマトと吉備国が争っていたという物証は、まったく上がっていない。そもそも、ヤマト建国の基礎となった前方後円墳の原型が、吉備で生まれてヤマトに持ち込まれたのだから、もし前田説のようにヤマトが吉備を叩きのめし、これが桃太郎伝説になっていたのなら、なぜ吉備発祥の前方後円墳が、その後のヤマトで存続したのか、その意味が分からなくなる。

そうなのだ……。忘れてならないのは、吉備で原型が生まれた前方後円墳の体制が、予想外に？長続きしたことなのである。五世紀後半に吉備は反乱を起こし、衰退したのに、なぜ前方後円墳体制は、六世紀末、七世紀初頭までヤマト朝廷で採用され続けたのだろう。なぜ、吉備は衰退したのに、前方後円墳体制は続いたのだろう。ここに、本当の謎が隠されていたのである。

そして、前方後円墳の出現と廃絶の流れと、ぴったり重なる氏族がいる。それが物部氏なのである。

ヤマト建国の直前、物部氏の祖・饒速日命はヤマトに乗り込み、その末裔はヤマトの王家に仕え、枝族《しぞく》は各地に展開し、百済《くだら》の官人《かんじん》となる者も現れ、広大な領土を保有するに至った。五世紀後半の雄略《ゆうりやく》天皇出現後もしぶとく生き残った。けれども六世紀に継体《けいたい》天皇が越《こし》からヤマトに乗り込み、蘇我《そが》氏が勃興《ぼっこう》すると、物部氏は次第に追い詰められていく。そして用明《ようめい》二年（五八七）、物部守屋《もののべのもりや》は、蘇我馬子《そがのうまこ》に滅ぼされてしまった。前方後円墳を造営しなくなった時期と物部氏の衰退がほぼ重なるのは偶然なのだろうか。いや、物部氏は吉備からやってきて、ヤマトで繁栄を誇り、「地方の国＝吉備」衰退後も中央豪族として権力を握り続けたということではなかったか。

吉備真備《きびのまきび》はなぜ物部氏衰退ののちに現れたのか

物部氏と吉備をつなぐ物証は、特殊器台形土器《とくしゅきだいがたどき》であろう。物部守屋は八尾《やお》市や東大阪市の一帯に拠点を持っていたが、ここから、三世紀の吉備系の土器（ようするに、特殊器台形土器など）が出土している。

物部氏がヤマトの盆地よりも大阪の一帯を重視したのは、瀬戸内海の流通に関心があったからだろう。つまり、ヤマト↓瀬戸内海（吉備）↓北部九州↓朝鮮半島をつなぐ海の道の最重要ポイントに拠点を造ったのだろう。北部九州に物部勢力が存在したことも、同じ理由で解ける。

もちろん、これだけでは、物部氏と吉備を結ぶ証拠は不十分だ。けれども状況証拠は揃っている。

たとえばそれは、吉備真備（下道真備《しもつみちのまきび》）だと思う。八世紀の平城京《へいじょうきょう》で活躍した学者で政治家、肝《きも》の据《す》わった偉人である。

備中《びっちゅう》国下道郡《しもつみちのこおり》の出身で、地方豪族でありながら、右大臣《うだいじん》に出世したのは異例中の異例だった。霊亀《れいき》二年（七一六）に留学生として遣唐使《けんとうし》の一員に加わり、天平《てんぴょう》七年（七三五）に帰国した。時代が吉備真備を求めていたのではないかと思えるのは、天平九年（七三七）に当時朝堂を牛耳っていた藤原不比等《ふじわらのふひと》の四人の男子（武智麻呂《むちまろ》、房前《ふささき》、宇合《うまかい》、麻《ま》呂《ろ》）が、天然痘《てんねんとう》の病魔に冒《おか》され、一遍に亡くなったことで、一躍活躍の場が与えられたからだ。藤原氏の一党独裁《いっとうどくさい》体制が崩壊し、「反藤原派」が息を吹き返し、最先端の知識を持ち帰ってきた吉備真備にチャンスが巡ってきたのである。

結局最後は孤立し、藤原氏との政争に敗れるが、「吉備氏」がこれだけ中央政界で活躍できた背景に、「物部氏の恨《うら》み」が隠されていてもおかしくはない。

物部氏は律令制度《りつりょうせいど》導入のために、すべてを擲《なげう》って、犠牲になった。ただし、その見返りも用意されていたはずで、大宝律令《たいほうりつりょう》（七〇一）成立後の政権で、石上《いそのかみ》（物部）麻呂《まろ》は、左大臣《さだいじん》に登りつめていた。現代風に言えば、総理大臣ということになる。

ところが、平城京遷都《せんと》に際し、石上麻呂は旧都藤原京《ふじわらきょう》の留守居役《るすいやく》に命じられ、新都に入ることができなかった。一国の総理大臣が、古い都とともに捨てられたのだ。ここに、物部氏は没落していく。藤原不比等の陰謀と思われる。

せっかく歯を食いしばり、土地と民を手放した挙げ句、藤原氏にだまされ、奈落《ならく》の底に突き落とされたのが、物部氏であった。

そして、こののち吉備真備が登場するのは、偶然ではないと思う。五世紀後半に物部氏は吉備を見捨てた可能性が高い。しかし、時代が下り、吉備出身の物部氏が没落すると、同族の骨を拾い、復讐するかのように、吉備真備は物部氏に入れ替わり、中央に進出したのではなかろうか。

また、吉備真備が政権で奮闘していたとき、独身女帝・称徳《しょうとく》（孝謙《こうけん》天皇）は、どこの馬の骨ともしれぬ道鏡《どうきょう》を寵愛《ちょうあい》し、天皇に押し上げようとして宇佐八幡《うさはちまん》の託宣《たくせん》を利用しようとしたが、これも、吉備や物部と無縁の事件ではなかった。というのも、道鏡の政敵・恵美押勝《えみのおしかつ》（藤原仲麻呂《ふじわらのなかまろ》）は、道鏡を次のように罵《ののし》っているからである。

「道鏡の朝廷に仕える様子をみると、先祖の大臣として仕えていた過去の一族の栄光を取り戻そうとして躍起《やっき》になっているのだ」

として、「だから排斥《はいせき》してしまえ」といっている。

道鏡の俗姓《ぞくせい》は「弓削《ゆげ》」だが、大臣を出したような家柄ではない。ただし、物部守屋が「物部弓削守屋《もののべのゆげのもりや》」と呼ばれたように、物部氏と弓削氏は、非常に近しい間柄にあった。恵美押勝は、「道鏡は物部系」と叫んでいたのであって、ここに、奈良朝の「物部氏の恨み」と吉備真備の暗躍の意味が隠されているように思えてならないのである。

物部氏と吉備を結びつけるヒント

もうひとつ、物部氏と吉備を結びつけるヒントを握っていたのは、出雲の国譲り神話ではなかろうか。

出雲神話を長々と語るつもりはない。あらすじを一言で言うと、出雲神・オオナムチ(大己貴命《おおあなむちのみこと》、大国主神《おおくにぬしのかみ》)がせっかく造り上げた葦原中国《あしはらのなかつくに》を、天上界《てんじょうかい》(高天原《たかまのはら》)の神々が譲り受けた(正確に言うと、揺すりたかりで奪い取った)という話だ。

また、出雲国造家《いずもこくそうけ》の祖の天穂日命《あまのほひのみこと》らが天上界から遣《つか》わされるも、出雲神に同化して復命しなかった。

そして、最後の切り札に送り込まれた二柱《はしら》の神の素性が問題なのだ。それが、経津主神《ふつぬしのかみ》と武甕槌神《たけみかづちのかみ》で、彼らは物部氏と尾張《おわり》氏と強く結ばれた神であり、しかも二柱の神の組《く》み合《あ》わせから、物部氏と吉備がつながってくる。

まず経津主神の「フツ」は、魔物《まもの》を斬る音とされていて、経津主神は「剣神」なのだ。「平国之剣《くにむけのけん》」という別名があるから、間違いない。また、「韴霊《ふつのみたま》」ともいう。

韴霊(霊剣《れいけん》)は神武東征に際し、尾張氏の祖の高倉下《たかくらじ》(天香語山命《あまのかごやまのみこと》)から神武天皇の手に渡り、神武は可美真手命(物部氏の祖)に下賜《かし》し、のちに物部系の石上神宮《いそのかみじんぐう》(奈良県天理市)に移し祀《まつ》られた。

石上神宮はかつては石上坐布都御魂神社《いそのかみにますふつのみたまじんじゃ》と呼ばれていた。『肥前国風土記《ひのみちのくにのふどき》』三根郡《みねのこおり》

日本最古の神社の一つといわれる石上神宮

物部郷《もののべのさと》の条には、郷社《ごうしゃ》の記事があり、「物部の経津主神」というとある。物部氏と「フツ」は、あらゆる場面で接点があり、それはなぜかと言えば、出雲の国譲りに大活躍した経津主神が物部系の神だからだろう。

もう一柱の武甕雷神《たけみかづちのかみ》はどうだろう。『古事記』の出雲の国譲りの段には、次のような話が載っている。

葦原中国を支配しようと目論《もくろ》んだ天照大《あまてらすおお》御神《みかみ》は、詔《みことのり》して「どの神を遣わせばよいだろう」と神々に尋ねた。すると、思金神《おもいかねのかみ》(高御産巣日神《たかみむすひのかみ》の子)らは、次のように答えた。

「天安河《あまのやすのかわ》の河上《かわかみ》の天《あめ》の石屋《いわや》にいらっしゃる

伊都之尾羽張神《いつのおわばり》を遣わすのがよろしいでしょう。もしまた、この神でないのなら、その神の子・建御雷之男神《たけみかずちのおのかみ》（武甕槌神）を遣わすべきです。また、天尾羽張神は、天安河の水をせき止めて、道を塞いでいるために、他の神がそこに行くことはできません。だから、天迦久神《あめのかくのかみ》を天尾羽張神のもとに遣わして問うべきです」

そこで、天迦久神を遣わすと、

「恐れ多いことです。仕え奉《たてまつ》りましょう。しかし、この道にはわが子建御雷神《たけみかずちのかみ》を遣わすべきです」

と述べた。そこで、天鳥船神《あめのとりふねのかみ》を建御雷神に添えて遣わした。

つまり、武甕槌神（以下、武甕槌神で統一する）は伊都之尾羽張神の子で、ここに「尾張」の二文字が見える。

もうひとつ、『古事記』には、武甕槌神が生まれたときに遣われた十掬《とつか》（拳）の剣の名は、「天之尾羽張《あめのおわばり》」で、またの名を「伊都之尾羽張」といっている。やはり武甕槌神と「尾張」は、いくつも接点を持っている。

問題は、物部氏と尾張氏が出雲いじめと深く関わっていたことだ。そして、吉備も出雲と敵対してたことだ。

吉備は歴史から抹殺された？

出雲神話の中で、経津主神と武甕槌神が最後のとどめを刺し、オオナムチは屈服した。そして、出雲を制圧した二柱の神は、なぜか物部氏と尾張氏とつながっていたのである。

興味深いのは、現実に物部氏と尾張氏が、出雲いじめに走っていることである。

出雲国の西側は石見国で、今でこそ同じ島根県だが、文化や風土はまったく異なる。よく「県民性」という言葉を聞くが、実際には「旧国名ごとに、文化圏は異なる」のが正解である。これは、ほぼ日本列島全体に当てはまるのではなかろうか。たとえば、愛知県でも、東西に分かれた三河《みかわ》と尾張は同じ文化圏ではない。静岡県も、遠江《とおとうみ》国と駿河《するが》国には、違いがある。岐阜県も、美濃《みの》国と飛驒《ひだ》国では、まったく異なる。このような例を挙《あ》げれば切りがなくなる。

石見と出雲も、「同じ島根県人」とひとくくりにできない。その国境の石見側に、物部神社（島根県大田《おおだ》市。ここが石見国一の宮）が祀られていて、出雲大社とは仲が悪いのだという。理由は簡単で、物部神社は大昔から、出雲族を監視し、出雲大社を監視しているらしい。これでは、出雲と石見の仲が悪いのも、道理というものだ。

物部神社の伝承が面白い。

ヤマト建国ののち饒速日命の子・宇摩志麻遅命《うましまぢのみこと》（可美真手命、宇摩志麻治命）と尾張氏の祖・天香語山命（天香具山命《あまのかぐやまのみこと》）は、尾張、美濃、越を平定し、天香語山命は伊夜彦《いやひこ》神社（弥彦《やひこ》神社。新潟県西蒲原郡《にしかんばらぐん》弥彦村）に鎮座《ちんざ》した。宇摩志麻遅命は西に向かい、播磨《はりま》、丹後《たんご》を経由して石見に入り、土着の賊を平らげた。鶴降山《つるぶせん》で国見《くにみ》をしたあと、神社背後の八百山《やおやま》がヤマトの天香具山《あまのかぐやま》によく似ているので、この地に宮を建てたという。

無視できないのは、天香語山命と宇摩志麻遅命の楔《くさび》を打ちこんだ場所だ。

弥生時代後期の出雲で誕生した四隅突出型墳丘墓《よすみとつしゅつがたふんきゅうぼ》という特殊な埋葬文化は、日本海づたいに越に伝播していて、弥彦神社と物部神社は、まさに出雲の構築《こうちく》した日本海ルートを封じ込める形をとっていた。物部神社の位置取りは、出雲を封印《ふういん》するために重要な場所ということはすぐにわかる。弥彦神社の場合、日本海から信濃川《しなのがわ》を遡《さかのぼ》り、信州《しんしゅう》（長野県）を通って碓氷峠《うすいとうげ》を下り、関東に続く古代の交通路の首根《くびね》っこを押さえる重要なポイントだった。

神社伝承だからといって、馬鹿にできない。二つの神社の位置取りは、まったく理にかなった戦略である。

出雲をいじめるのは、物部氏と尾張氏であり、そして、吉備が、これに加わっていく。

すでに述べたように、崇神《すじん》天皇の時代、出雲の神宝《かんだから》を検校《けんぎょう》しに行ったのは矢田部造《やたべのみやつこ》の遠祖武諸隅《とおつおやたけもろすみ》で、矢田部氏は物部同族であった。そのあと出雲臣《いずものおみ》の遠祖・出雲振根《いずものふるね》を退治しに行ったのは、吉備津彦命である。

さらに、『日本書紀』垂仁《すいにん》二十六年秋八月条には、垂仁天皇が物部十千根大連《もののべのとおちねのおおむらじ》に次のように詔している。

「使者をしばしば出雲に遣わし、その国の神宝を検校しようとしているが、はっきりと報告をする者がいなかった。お前自ら出雲に赴《おもむ》き、神宝を検校してくるように」

そこで物部十千根大連は、神宝を検校し、奏上《そうじょう》したのである。

神宝を差し出すということは、祭祀権《さいしけん》をヤマト政権に譲り渡すということで、ようするに国の支配権を失うことに通じる。したがってこの話、出雲の国譲りにそっくりなのである。これは偶然なのだろうか。

いろいろな人（神）を遣わしたが、なかなか埒《らち》が明かず、最後の最後に物部十千根大連

（神話では物部系の経津主神）を遣わして、出雲を屈服させたというのである。

このように、物部氏は吉備と密接にかかわり、吉備と物部氏と尾張氏は、出雲いじめに走っていた。だからこそ、吉備津神社の社殿は出雲を意識して建てられていたのだろう。

そして、ここで気がつくのは、「吉備」と「尾張」はヤマト建国で大活躍していたのに、『日本書紀』が吉備と尾張の存在を無視し、抹殺したことだ。「出雲いじめに走っていた者たち」という記録は残しながら、なぜヤマト建国に活躍した「吉備（物部）と尾張」は、歴史から消されたのだろう。

考えてみれば、吉備人脈に囲まれ、尾張と強くつながっていったヤマトタケルこそ、「消された吉備と尾張の象徴的存在」だったことに気付かされる。ならばなぜ、ヤマトタケルはヤマト帰還《きかん》を願い、それが許されず、悲劇的な最期を遂げたのだろう。

しかも、ヤマトタケルの死を悼む歌を、歴代天皇の葬儀で必ず歌ってきたという点、天皇家の態度は不審きわまりない。また、ヤマトタケルの陵墓《りょうぼ》が鳴動《めいどう》（地鳴りか落雷だろう）に人びとが震え上がったという話も有名だ。なぜかヤマトタケルは、祟《たた》る恐ろしい神と信じられていたようだ。

ヤマトを構成する三つの王家

神武東征よりも先にヤマトにやってきた饒速日命は物部氏の祖で、吉備出身であろう。

余談ながら付け加えておくと、『日本書紀』は「尾張氏の祖は天皇の祖と血がつながっている」といい、かたや物部系の『先代旧事本紀《せんだいくじほんぎ》』は、「尾張氏は物部氏から出た」といっている。どちらが本当なのかといえば、どちらも本当のことを言っていると思う。

これから述べていくように、ヤマトの王家とは、物部氏、尾張氏、そしてもうひとつの家（正体はこのあと述べる）を合わせた閨閥《けいばつ》にほかならないと筆者はみる。すなわち、三つの古代を代表する豪族が幾重にも血縁関係を結んで成立したのだと思われる。その点、これら三つの家の誰がヤマトの王に立とうとも、違和感はなかったはずなのだ。

さらに余談ながら、大和三山《やまとさんざん》も、この三つの家を代表する霊山《れいざん》だったのだろう。

中大兄皇子《なかのおおえのみこ》の有名な万葉歌に、次の一首がある。

香具山《かぐやま》は　畝火雄々《うねびをを》しと　耳梨《みみなし》と　相《あひ》あらそひき　神代《かみよ》より　斯《か》くにあるらし　古昔《いにしへ》も
然《しか》にあれこそ　うつせみも　嬬《つま》を　あらそふらしき（巻一―一三）

「香具山（天香具山）は畝火（畝傍山《うねびやま》）が男らしく立派だと、耳梨（耳成山《みみなしやま》）と競争した。神代《かみよ》からこうであったらしい。だから、現世でも、愛を二人で争うことがあるものらしい」といっている。

この歌は、男女の恋《こい》の歌だが、実際には、王位をめぐる三つの家の駆け引きを歌い上げていると思う。しかも、三つの王家の鍔迫《つばぜ》り合いと共存の複雑な関係は、七世紀まで継承されていたと思う（拙著『百済観音《くだらかんのん》と物部氏の秘密』角川学芸出版）。

たとえばヤマトタケルは、吉備（物部）と尾張、二つの家の婚姻関係によって生まれた王家ということになる。

なぜこのような話をしたかというと、すでにヤマト建国の考古学的ないきさつは述べておいたが、あの話には続きがあって、「なぜヤマトに弱い王が求められたのか」そのカラクリが「三つの家の争い」という視点から、解き明かされてくるからである。

桃太郎伝説、吉備津彦命伝説の真相を知るためにも、ヤマト建国の秘密を解き明かしておかなければならない。

さて、ヤマト建国最大の謎は、饒速日命が握っている。

畝傍山、耳成山とともに大和三山と呼ばれる天香具山

これまでみてきたように、饒速日命は吉備出身で、物部氏の祖であった。饒速日命は前方後円墳体制構築の立役者であり、前方後円墳体制は、物部守屋滅亡の時代まで継承されたのだ。ならば、なぜ饒速日命は神武天皇に王権を禅譲《ぜんじょう》してしまったのだろう。

神武天皇は一度ヤマト入りをもくろみ、生駒山《いこまやま》で長髄彦の手勢に追い返されている。決して神武は強い王ではなかった。ならばなぜ、饒速日命は神武を迎えいれ、王権を禅譲してしまったのだろう。饒速日命が王に立った時点で、一回ヤマト建国は終わっていたはずなのに、なぜ、神武天皇にリセットされたのだろう。

天皇家と出雲神は同一？

『日本書紀』は、ヤマト建国の場面で、吉備と尾張の活躍を無視し、抹殺した。しかし、饒速日命やヤマトタケルの「神話じみた活躍」の中に、吉備と尾張の歴史が残されていたのである。

ならば、最後に残った神武は、何者なのだろう。

神武天皇は南部九州からやってきたが、弥生時代に繁栄していたのは北部九州であり、なぜ南部九州なのか、その意味がわからない。それに、ヤマト建国に占《し》める九州全体の影響力は、実に乏しかった。「西から東」というこれまでの常識は覆され、文物は「東から西」に移動していたのだ。

神武は武力でヤマトを圧倒したわけではなく、最後は呪いを駆使した。

ならばなおさらのこと、神武天皇という存在の「普通ではない姿」が際立ってくるのである。

もちろん、「神武は天皇家の歴史を飾り立てるための虚像《きょぞう》」と捨て去ることも可能だ。

しかし、饒速日命やヤマトタケルにヤマト建国時の秘密が隠されているのだから、神武にも大きな秘密があったかもしれないのである。

上山春平《うえやましゅんぺい》は、『日本書紀』や『古事記』の神統譜に着目し、アメノミナカヌシ（天之御《あめのみ》中主神《なかぬしのかみ》）を頂点にして、天照大神《あまてらすおおみかみ》とスサノヲ（素戔嗚尊《すさのおのみこと》）から分かれる「タカマノハラ（高天原）系とネノクニ（根国《ねのくに》・出雲）系の二つの神統譜が、イワレヒコ（神武天皇）の段で統合されてしまうと指摘した（『続・神々の系譜』中公新書）。

イワレヒコは、なぜか出雲神の娘を正妃に選んでいる。歴史時代に入って、なぜ神の娘を選んだのだろう。しかも、よりによって神話の世界で祖神が対立していた出雲神の娘を選ぶ必要がどこにあったのだろう。これは、不思議なことだ。そして、上山春平は、ここで神統譜がつながったと考えたのだ。

この指摘は思いのほか重要なのである。

この説が発表されたころ、「出雲は虚像」と考えるのが常識だったから、観念的に天皇家の祖神の系譜が出雲神と鏡で映した表と裏と考えれば、それで済んだ。天皇家の祖神を美化するために、あえて悪役の出雲神を用意した、ということになるからだ。しかし考古学の進展によって「出雲は確かに存在した」となると、今度は、神統譜が二手に分かれたという話が虚構であって、実態は同じだったとなると、「天皇家と出雲神は同一だった」

という、信じがたい仮説が飛び出してきてしまうのである。

そんなことが、本当にあり得るのだろうか。

そこで思い出されるのが、スサノヲとヒルコの話である。ヒルコ（スサノヲ）とヒルメ（天照大神）は、実際には一対になっていたのに、『日本書紀』はヒルコを「不完全」といって、放逐《ほうちく》してしまった。これは、天上界を追い出されたスサノヲとよく似ていたのである。

ところでヒルコの放逐は、神話の中から飛び出し、現実の世界に伝説を残している。「ここに漂着した」と、まことしやかに語り継がれ、祀られている。それが、鹿児島神宮（鹿児島県霧島《きりしま》市）である。

奈毛木《なげき》の杜《もり》のヒルコ

鹿児島神宮の別名は大隅正八幡宮《おおすみしょうはちまん》だ。「八幡」といえば、宇佐《うさ》八幡宮が有名で、一般的には「八幡は宇佐が発祥の地」と考えられている。しかし、「いやいや、鹿児島が元祖」という主張を込めて、「大隅正八幡」という名にしたようなのだ。

ヒルコを祀る奈毛木の杜（蛭子神社）

鹿児島神宮の裏手に奈毛木の杜（蛭子《ひるこ》神社）があって、蛭子を祀る。男性の太陽神である。

伝承によれば、ヒルコがこの地に流れ着き、嘆き悲しんだという。そこでここを奈毛木の杜と名付けたのだという。

『八幡愚童訓《はちまんぐどうくん》』には、奇妙な伝承が残される。震旦国《しんたんこく》の大王の娘・大比留女《おおひるめ》は七歳《さい》の時、朝日《あさひ》が胸にさしこみ、懐妊《かいにん》し王子を産んだ。王臣《おうしん》たちは怪しみ、空船《うつろぶね》に乗せ、漂着先を所領されますようにと、海に送りだした（捨てた）。船は日本国鎮西大隅《ちんぜいおおすみ》の磯にたどりついた。太子を八幡と名付けたため、ここを八幡崎といった。これは、継体天皇の時の話だという。ちなみに、大隅正八幡神社には、八幡神がやってきたのは欽明《きんめい》天皇の時代だったと伝えられている。『今昔物語集《こんじゃくものがたりしゅう》』『水鏡《みずかがみ》』どちらも、「大隅正八幡が先、宇佐八幡はあと」といっている。

また一般に、八幡神は応神天皇と習合していったと信じられているが、異説があって、「それは神武天皇」「いやいやヒコホホデミノミコト（彦火火出見尊《ひこほほでみのみこと》。山幸彦《やまさちひこ》）」だというのである。

ヒコホホデミノミコト＝山幸彦は無目籠《まなしかたま》に乗せられ海神《わたつみ》の宮を訪ね、海神の娘（豊玉姫《とよたまひめ》）と結ばれ三年間夢のような暮らしをして地上に戻ってきた神で、神武天皇の祖父だ。この神、どこか浦島太郎に似ているのは、なぜだろう。

さらに、宇佐八幡宮に残される伝承も無視できない。宇佐の僧・神吽《じんうん》が編纂した『八幡宇佐宮御託宣集《はちまんうさぐうごたくせんしゅう》』に、八幡神出現にまつわる説話が記されている。

菱形池《ひしがたいけ》の近くの小倉山のほとり（現在の宇佐神宮の境内）に、八つの頭を持った鍛冶《かじ》の翁《おきな》がいて、人びとに危害を加えていた。そこで大神比義《おおがのひぎ》なる人物が様子を見に行くと、鍛冶の翁はいなかった。その代わり、金色の鷹《たか》が木の上にとまっていた。

どのように姿を変えたのか、大神比義は念力を使って問いただそうとすると、鷹は金色のハトに変わった。大神比義は神が変化していることを悟《さと》り、山中で三年間修行を積んだ。すると神は、三歳の子供の姿で竹の葉の上に現れ、次のように託宣した。

「辛国《からくに》の城《き》に始《はじ》めて八流《やつながれ》の幡《はた》を天降《くだ》して、吾《われ》は日本の神となれり」

この「辛国の城」がどこなのかは、諸説あって定かではない。また、八幡神が渡来系の神ではないかとする説もある。「辛国の城」を「韓国《からくに》＝朝鮮半島のどこか」と解釈すればそうなる。けれども、「辛国の城」は「韓国岳《からくにだけ》」を指しているのではあるまいか。鹿児島県の霧島《きりしま》山系の中でも、地元の人びとの尊崇《そんすう》を集める霊山だ。この山を「辛国の城」とみなせば、多くの謎が解けてくる。


スサノヲは出雲に、ヒルコは南部九州に、神武は南部九州から

なぜスサノヲは、出雲に舞い降り、スサノヲとよく似たヒルコは、南部九州に漂着したと伝えられているのだろう。そして、神統譜の上で出雲神と重なっていった神武天皇は、南部九州からヤマトに向かっている。これは、はたして偶然なのだろうか。

筆者には、ひとつの仮説がある。細かい話はしない。詳細は、他の拙著を参照してほしい。

簡単にいってしまえば、当初ヤマト建国に参画していた出雲（正確には、「出雲国」の地域ではなく、日本海勢力なのだが……）は、吉備と尾張に裏切られ、追われ、北部九州から九州の西海岸を経由し、南部九州に逃れたのではないかと考えている。この出雲（くどいようだが、島根県東部の出雲を含めて、日本海勢力）の敗北と逃亡劇こそ、天孫降臨《てんそんこうりん》神話の真相だったのではないかと思えてならないのである。

神話の天孫降臨の第一歩は山の上で、天から舞い降りたという設定だが、これはそれこそ神話であって、現実には、次の一歩が大切だ。『日本書紀』神話は、『天津彦彦火瓊瓊杵《あまつひこひこほのににぎの》尊《みこと》は笠狭碕《かささのみさき》（鹿児島県の西部、野間岬《のまみさき》）に歩いて行ったと記録する。実際には、ここが本当の降臨の地だろう。有明海《ありあけかい》から船で南下すれば、自然とここに漂着する。彼らはこの地にたどり着き、零落《れいらく》したのである。

ならばなぜ、裏切られ、落ちぶれた貴種《きしゅ》が、復活できたのだろう。ヒントを握っているのは、『日本書紀』に描かれた第十代崇神天皇の記事である。

崇神五年、国内で疫病《えきびょう》がはやり、人口は半減した。翌年、人びとは流浪《るろう》し、背《そむ》く者も現れた。崇神七年、崇神天皇は占ってみると、大物主神が神託《しんたく》を下した。「我が子大田田《おおたた》根子《ねこ》を連れてきて、私を祀らせれば、世は平静を取りもどす」というのだ。その通り実行し、神託どおりになった。

問題は、出雲神・大物主神がなぜ崇りをもたらしたのか、なぜ崇神天皇は震え上がったのか、ということだ。

崇りは、崇られる側にやましい気持ちがなければ起きない。罪のない人間を殺したり、放逐したりして「恨まれている」と感じていると、些細《ささい》なことでも、「よもや……」と思うものなのだ。『日本書紀』は葦原中国には「邪《あ》しき鬼《もの》」がいたといい、出雲の国譲りには正当性があったかのように語るが、ほんとうは、「汚い手」を使い裏切った可能性が高い。そう思うのは、ヤマトタケルが「吉備と尾張の合体によって生まれた人物」であったこと、説話の中で「出雲をだまし討ちにしている」からである。

天孫降臨は貴種の零落だった？

おそらく、崇神天皇は吉備からヤマトに乗り込んだ王で、ニギハヤヒと同一であろう。

崇神は、「吉備・尾張連合」の盟主《めいしゅ》となって、出雲を裏切ったのだろう。それはなぜかといえば、日本海を支配する「出雲」と瀬戸内海を支配する「吉備」の、ヤマト建国後の主導権争いが勃発《ぼっぱつ》していたと仮定すると、わかりやすい。そして、尾張は吉備に付き、出雲は敗北した……。この結末は、出雲の考古学がはっきり示している。日本海は敗れたのだ。だからこそ、宇摩志麻遅命（物部、吉備）と天香語山命（尾張）は、日本海の流通ルートを封じ込めるために、越と石見に拠点を造ったのだろう。

そして、上山春平が指摘したように、タカマノハラ系（天皇家）とネノクニ系（出雲）の神統譜は、実際には同一という発想を天孫降臨神話に当てはめれば、出雲を追われた貴種は、北部九州から南部九州に逃れたと解釈することが可能となる。現実の出雲と北部九州は強くつながっていたから、「吉備・尾張」を敵に回した出雲（日本海勢力）が逃げる場所は、北部九州であり、ここも追われれば、必然的に南部九州しか残っていなかったということになる。

縄文時代からすでに、九州の西海岸は大切な航路として活用されていた。だから、九州の人びとが出雲の貴種を、南部九州に誘ったのだろう。有明海を南下して自然にたどり着くのが、野間岬（笠狭碕）だ。そして、落ちぶれた彼らは、ヤマトを呪い、ヤマトの王は、祟りに怯《おび》えた……。

つまり、神武天皇は「出雲神の末裔」なのであり、崇神天皇は出雲の祟りを恐れ大田田根子を探し出したというが、大田田根子とはすなわち、神武天皇そのものだったと思われる。

三輪山といえば、大物主神を祀る大神神社《おおみわじんじゃ》の御神体だが、不思議なことに山頂には、大物主神ではなく別の神を祀る高宮《こうのみや》神社が鎮座する。祭神は「日向御子《ひむかのみこ》」で、一般にこの神は太陽信仰の「日に向かっている」を意味していると信じられているが、ならばなぜ、「日向神《ひむかのかみ》」ではなく余分《よぶん》な「御子」の二文字が添えられているのだろう。「御子」は「若」「稚」「童子」であり、祟る恐ろしい鬼を退治する鬼であり、太陽信仰とは限らない。「日向」を地名と考えれば、「日向御子」は「日向（南部九州）の恐ろしい鬼」とみなすことが可能となる。そして当てはまる人物は、神武天皇である。

敏達《びだつ》天皇の時代、蝦夷《えみし》たちは天皇に恭順するために三輪山を拝んだと『日本書紀』は記録する。出雲神大物主神が祀られる三輪山をなぜ蝦夷たちが遥拝《ようはい》したのかというと、この山に日向御子＝神武が祀られているからであろう。

私欲を捨てた物部氏

ヤマト建国には、どんでん返しが用意されていたようだ。吉備と尾張が手を組み、出雲を追い払い、いったん政権を立ち上げたが、疫病の蔓延《まんえん》を出雲神の祟りと信じたヤマト政権は、祟る神を祀り、鎮めることのできる最適な人物を探し出し、ヤマトの王に据えた……。

ただしここで注意を要するのは、この時王に据えられた神武は、「祟り神を鎮める役目を負わされた」のであって、祭司王《さいしおう》にすぎなかったということだ。すなわち、吉備（崇神、物部）は、名を捨て実をとり、実権を握り続けたということだ。これが、ヤマトに弱い王が生まれた理由である。

四世紀の倭国は、安定と発展の時代を迎えた。弥生時代後期の混乱と戦乱は収拾され、前方後円墳が各地に伝播し、ゆるやかな連合体が形成されていった。

やがて、朝鮮半島では高句麗《こうくり》の南下がはじまり、朝鮮半島南部の諸国は倭国に遠征軍を要請した。軍団を形成していたのは豪族たちだが、朝鮮半島の人びとからみれば、倭国王こそ、代表者と見えただろうし、軍団を組織し運営するには、ひとつの統一された意志が求められ、次第に王家も「強い指導力を持ちたい」と、意識が変わっていったのだろう。こうして現れたのが、雄略天皇であり、葛城《かつらぎ》氏や吉備氏の受難は始まった。雄略天皇は円大臣《つぶらのおおおみ》の館を囲み皆殺しにし、吉備の反乱を制したのである。

ただし、ここに大きな謎が潜んでいる。それは、これまで述べてきたように、前方後円墳の全国ネットは「吉備の造り上げた体制」であり、吉備衰弱後も、六世紀末、七世紀初頭まで継承されていくことだ。なぜ五世紀後半の段階で吉備は衰退したのに、前方後円墳体制は継続していくのだろう。

その最大の理由は、「地方豪族の吉備氏はいったん衰退したが、中央で活躍していた物部氏が生き残ったから」ではないかと思えてくるのである。

「同じ吉備出身なら、物部氏も吉備と同じ考え、行動をするのではないか」と思われるかもしれない。しかし、政権の中枢に立ち続けた物部氏の意識は、吉備一帯を支配して財力を物部氏に融通《ゆうずう》していた「吉備そのもの」とは、大きくかけ離れていたにちがいない。何しろ、ヤマトで最大の豪族が物部氏であり、神武天皇に玉座《ぎょくざ》を譲ったとはいえ、実権は手放さなかった。物部氏の差配《さはい》によって、国が動いているといっても過言ではなかっただろうから、物部氏は「国家の未来を語る」立場に置かれていた。物部氏は責任ある者どもだったのである。

たとえば『日本書紀』は、仁徳《にんとく》天皇が善政を施《ほどこ》し聖帝《ひじりのみかど》と讃《たた》えられたと記録するが、現実には、物部氏（当時は物部氏と名乗っていたわけではなかろうが）の施政《しせい》だった可能性は高いのである。

六世紀に勃興した蘇我氏は、中央集権国家の建設を目指した。そうしなければ、流動化する国際情勢に漂流し、日本は沈没するという危機感があったからだろう。しかし、律令制度を導入すれば、すべての土地をいったん天皇（国家）に預けなければならず、広大な領土を保有していた物部氏は、反発したのだろう。これが物部守屋と蘇我馬子対立の、実態だったはずだ。

ただし、物部守屋滅亡後も、物部氏は生き残り、それどころか蘇我氏と手を組み、律令制度導入の旗振り役に転じていた可能性が高い（拙著『百済観音と物部氏の秘密』）。それはなぜかといえば、物部氏には「国家の楫取《かじとり》をする氏族」という自負があったからだろう。極論すればそれ以前の倭国とは、「物部氏の国」だったのであり、六世紀、七世紀になって、「これでは国が成り立っていかない」と蘇我氏は考え、物部氏は一度は反発したものの、蘇我氏の政策を受け入れたのだろう。

ちなみに、『日本書紀』は蘇我氏が物部氏の財力を奪っていき、そのために権力者の地位を手に入れたと批判するが、物部系の『先代旧事本紀』は、蘇我氏を批難せず、それどころか、蘇我入鹿《いるか》の母が物部氏だったことを、自慢気に記録している。これは、蘇我入鹿が本物の改革者だったこと、さらに、蘇我入鹿を後押ししていたのが物部氏であったことを暗示している。

物部氏は、「民のためなら」「国の未来のためなら」と、土地を国家に手渡し、裸一貫《はだかいっかん》になってみせたのだ。物部氏が腹を括《くく》らなければ、他の豪族は蘇我氏の改革事業に従うことはなかっただろう。

その点、七世紀の改革事業の本当の功労者は物部氏であり、われわれは、いくら感謝しても足りないほどなのだ。どうか一度は、石上神宮《いそのかみ》（奈良県天理市）に参拝し、物部氏を礼讃《らいさん》していただきたいものだ（これでこそ、本当の御利益がいただけるというものだ）。

何が言いたいかというと、中央の物部氏は「国家」「外交」の視点を持っていたのに対し、吉備国の人びとは、「日本の中の地位」「ヤマトの王家、何する者ぞ」「吉備こそ、ヤマトをうち立てた」という発想に留まっていた、ということだろう。

キビ団子の意味

ここまでわかってきたから、話は桃太郎が腰にぶら下げていた「キビ団子」に飛ぶ。

柳田国男《やなぎたくにお》はキビ団子について、今は童話化されてまったく別の目的に使っているが、もともとは求婚のため、結婚の儀礼のために必要だったのではないかと指摘している（「桃太郎の誕生」）。

また、五来重《ごらいしげる》は、宗教民俗学的に、団子が霊前へのお供え物だったと指摘した。魂《たましい》に似せた形（丸くて白い）の食物に霊魂が留まって、遊離《ゆうり》したり荒れすさんだり迷ったりしない、という鎮魂《ちんこん》の信仰が起源であろう（『鬼むかし』角川選書）。

その上で、鬼《おに》ヶ島《しま》は海洋他界《かいようたかい》であり、地獄の鬼への「まいない」になったというわけである。

さらに、キビ団子の話は、桃太郎物語成立時から、すでに存在していたとする説がある（保立道久《ほたてみちひさ》『物語の中世』東京大学出版会）。

その根拠は、「キビ団子」が猿蟹合戦にも登場し、「キビ団子」そのものが当時の人びとにとって特定の意味を持っていたことを示しているからだという。それは、「藁《わら》しべ」のように、普通の生活ではどうということのない、意味のないものであるのに、旅や放浪など非日常的な設定の中で、特別な意味を有するという。

また、キビ団子は最後まで貨幣《かへい》に代わることはなく、これはパロディーの世界に属しているという。

キビダンゴは、つまらぬものでありながら、他方、「鬼ヶ島征伐」という民話的世界の中で、「日本一のキビダンゴ」という特殊な交換財としての役割をになう、きわめて二律背反《アンヴィヴァレント》な存在であったということになるのである（前掲《ぜんけい》書）。

その上で保立道久は、中世的な価値観からみて、桃太郎は、「銭《ぜに》からの完全な疎外《そがい》」「貧困を体現する存在」として描かれているというのである。

なるほど、民俗学的にも、いろいろな見方ができるものだと、つい感心してしまう。このの ちも、さまざまな仮説が立ち上げられていくのだろう。しかし、筆者は、古代史と絡めて、桃太郎のキビ団子を考えてみたいのである。

そこで思い出されるのが、応神二十二年応神天皇と兄媛《えひめ》、兄の御友別《みともわけ》の説話であろう。応神天皇は御友別が抵抗することなく膳夫《かしわで》になったことに満足し、吉備国を割いて、御友別や兄弟たちを封じたとある。すでに述べたが、膳夫になることはヤマト朝廷に服属した証であった。

この話、『日本書紀』は応神天皇の時代とするが、私見どおり応神天皇と神武天皇が同一とすれば、ヤマト建国まもないころにこの事件が起きていたことになり、にわかには信じられない。ここから吉備はさらに成長し、五世紀に入るとヤマトの王家と同等の前方後円墳を造営していく。そして、五世紀後半の雄略天皇の時代、吉備は反乱を起こし、衰退していったのである。

とすれば、すでに指摘したように、この話、応神ではなく雄略天皇の時代の出来事をわざわざ時代を遡って記録したのではなかったか。吉備は一枚岩《いちまいいわ》で成長し、だからこそ巨大な前方後円墳を造営したのであって、この様子をみるに、いくつもの地域に有力者が分割して統治していたイメージを思い浮かべることはできない。

五世紀後半になって雄略天皇は吉備を周辺から切りくずしていったのであって、こうして吉備を圧倒したあとで、吉備を分割した可能性が高いのである。

ここで、キビ団子が、「分割されて配られた地域、下賜された封土《ほうど》」なのではないかと思えてくる。三次《みよし》盆地には、ヤマトの意向に従う中小の首長たちが群れ集まっていた。彼らが「ご褒美《ほうび》」を得るために、暗躍していた可能性は高いし、それを物語の中の小道具「キビ団子」として表していた可能性も、否定できないはずだ。

タニハ連合を裏切った尾張

雄略天皇のもとで物部氏は活躍しているから、「吉備分割案」も、中央の物部氏は受け入れていた可能性が高い。これは吉備からみれば、同族の裏切りとなろう。

一般にはなかなか受けいれがたい仮説かもしれない。しかし、同族なのに分裂したなどという例は、歴史上、腐るほど埋もれている。

たとえば、ヤマト建国後の主導権争いで、尾張は日本海勢力を裏切っている。

弥生時代後期、近江《おうみ》と尾張の地域にタニハ（丹波《たんば》と丹後《たんご》、但馬《たじま》）から、鉄器や先進の文物が流入し、両地域は大いに発展した。纏向《まきむく》の前方後円墳（初期型）が出現したほぼ同時代に、この一帯では「前方後方墳（前も後ろも四角）」が出現し、前方後円墳が各地に広まるよりも早く拡散し、独自のネットワークを構成しようとしていた。これを筆者は、「タニハ連合」と呼んでいる。

今までヤマト建国というと注目されてきたのは、出雲や北部九州、そして吉備だったが、知られざる「タニハ連合」の活発な動きが、ヤマト建国の原動力になったと筆者は睨《にら》んでいるし、最新の考古学の成果を俯瞰《ふかん》してみると、そう考えざるを得ない。

『日本書紀』は饒速日命（吉備）がヤマトに乗り込んできたとき、すでに長髄彦《ながすねびこ》がいて、婚姻関係を結んで共存の道を選んだというが、この長髄彦こそ、「タニハ連合」出身の人物だと思われる。先に東側がヤマトにのめりこみ拠点を造ったからこそ、吉備は衝突を避《さ》け、手を組んだということになる。「一度ヤマトが勃興したら、これを倒すことはむずかしい」からである。

けれどもいったんヤマトが建国されると、日本海と瀬戸内海の主導権争いが活発化し、タニハ連合は出雲、北部九州と手を組み、タニハ連合は日本海連合にすり替わった。けれどもタニハ連合の一員である尾張（東海）は、「もともと日本海勢力の利害と一致するわけではない」のであって、先進の文物を入手するには、瀬戸内海航路と手を組めばよかったのだ。だからどちらにつくか、選択を迫られると、迷わず瀬戸内海を選んだのだろう。一度盟約を結んだ相手でも、生き残りのためには切り捨てねばならないという現実が、突きつけられたわけだ。同族といえども、例外ではないのである。

ただし、「尾張」はその後も迷走を続けたようだ。ヤマトで疫病が蔓延し、神武（大田田根子）を迎えいれるかどうかで、「尾張」は分裂していた可能性が高い。ヤマト先住の長髄彦は、神武のヤマト入りに猛烈に反発しているが、それは彼が「尾張」を代表する者として、ヤマトに乗り込んでいたからだろう。長髄彦にすれば、「一度タニハ連合（日本海勢力）を裏切った以上、いまさら合体することはできない」と考えたのだろう。

ただし、ここから話が複雑になっていく。神武がいったん長髄彦に追い返されたあと、紀伊半島をぐるりと迂回《うかい》したのだが、途中で神の毒気《どくけ》にやられて動けなくなってしまった。ここで助けてくれたのが、熊野の高倉下《たかくらじ》であった（『日本書紀』は、天照大神の使いとして高倉下が遣わされたと記すが）。これが何者かというと、尾張氏の祖の天香語山命である。

つまり、神武を受け入れるかどうか、今度はヤマトの「吉備・尾張連合」が、分裂していた可能性があって、尾張の一部は「受け入れるべきだ」と考え、かたや、ヤマトの長髄彦は頑強に拒み、だからこそ饒速日命に殺されたのだろう。物部と尾張連合を象徴《しょうちょう》していたヤマトタケルの物語が悲劇的なのも、このようないきさつがあったからだ。

ヤマト建国と天皇家誕生の歴史は、実に複雑なのだ。

『日本書紀』が吉備の真実を書き替えた？

ここでようやく、吉備津彦命と桃太郎について、答えが出つつある。

これまでわれわれは、大きな誤解をしていたのだ。ヤマト建国とヤマト建国後の政情は、「ヤマトからすべてが発信されていた」「ヤマトが各地をいかに支配して組み込んでいくか」の歴史として捉えようとしてきたのである。

これは、仕方のないことでもあった。『日本書紀』は本来吉備出身であったはずの「吉備津彦命」を、ヤマトの王家が遣わした四道将軍《しどうしょうぐん》のひとりと位置づけていた。

われわれは、『日本書紀』のしかけたトリック、罠《わな》に、まんまと引っかかっていたのではあるまいか。

『古事記』は吉備津彦命が吉備を平らげたといい、『日本書紀』は、四道将軍のひとりとして、吉備津彦命は西道《にしのみち》に遣わされたと記録した。これだけ読めば、「ヤマトが強大な力で吉備を圧倒した」と信じ込んでしまう。しかし考古学は、ヤマト建国の中心に立っていたのが吉備であり、吉備の構築した前方後円墳体制が、七世紀初頭まで継続したといっている。

ならばなぜ、『日本書紀』は「ヤマト建国当初から吉備はヤマトの王に頭が上がらなかった」と印象づけようとしたのだろう。そしてなぜ、吉備で、温羅《うら》を吉備津彦命が退治したという伝承が生まれたのだろう。ヤマトの英雄が吉備の賊を破ったという話を吉備の地で造り上げていった意味はどこにあったのだろう。

まず、『日本書紀』の態度に注目してみよう。なぜヤマト建国直後に、天皇家の一員である吉備津彦命なる者が、西道に攻め入ったという設定を構築する必要があったのだろう。

ここに、藤原不比等の深謀遠慮《しんぼうえんりょ》が隠されているように思えてならない。

すでに触れたように、六世紀に始まった中央集権化の政策を牽引《けんいん》していたのは蘇我氏で、物部氏は当初抵抗していた。ところが、ある段階から、物部氏は腹を括り、蘇我氏とともに、改革の最前線に立ったようだ。

これに対し、反動勢力をまとめ上げたのが藤原不比等の父の中臣鎌足《なかとみのかまたり》で、中大兄皇子をそそのかし、蘇我入鹿暗殺を決行した。他の拙著の中で述べたとおり、蘇我本宗家《ほんそうけ》滅亡後即位した孝徳《こうとく》天皇は、親蘇我派で、中大兄皇子らが実権を握ったのは、だいぶあとになってからだ。

紆余曲折があり、中臣鎌足の死後、子の藤原不比等は持統《じとう》天皇に大抜擢された。皮肉なことに、藤原不比等は律令を整備する役人として頭角《とうかく》を現し、新しい体制を「藤原だけが栄えるシステム」に塗り替えていったのだった。

この過程で、石上(物部)麻呂ははじき飛ばされ、藤原不比等の野望は達成された。さらに藤原不比等は、『日本書紀』編纂に悪知恵を働かせたようだ。

中臣鎌足と藤原不比等の親子は、「民のために」「日本の国家のために」と、歯を食いしばり、私欲を捨てて改革を進めてきた蘇我氏と物部氏をいじめ抜き、卑怯《ひきょう》な手段をいくつも繰り出して、駆逐《くちく》したのだった。そして、『日本書紀』を編纂し、蘇我氏を大悪人にすり替え、「物部氏は平凡で、頑固な古代豪族」というイメージを作ることに成功した。

その上で、蘇我氏と物部氏が断行した改革事業の手柄をすべて横取りしたのだ。

しかも、出来上がった法体系と統治システムは、藤原氏だけが栄える都合の良い代物だった。

この、藤原氏の「いやらしさ」を、後世に伝えることはできなかった。だから『日本書紀』は、必死になって事実を抹殺し、歴史を改竄《かいざん》したのだ。

まず手始めに、蘇我氏を大悪人に仕立て上げるための工作をし、最初についた嘘がしだいに大きな嘘につながっていき、ヤマト建国の歴史でさえ、正確に後世に残すことはできなくなってしまったのだ。

さらに今回は詳しく触れられなかったが、蘇我氏も物部氏に勝るとも劣らない、名門豪族だった。もちろん『日本書紀』は、その事実を後世に残すことはなかった。すでに触れたヤマトを構成する三つの王家のひとつが、蘇我氏だったと筆者はみる。もちろん、最優先に、『日本書紀』はこの事実を抹殺している。

そして『日本書紀』は、ヤマト建国の中心的存在である「タニハ連合」や「吉備」の活躍を、歴史から抹殺したのだ。

「吉備」や「尾張」の姿が、ヤマト建国の物語の中でまったく登場しなかったのは、意図的な隠蔽工作といわざるを得ない。そしてその延長線上に、吉備津彦命の吉備いじめという物語が挿入されたのだろう。こうすれば、まさか吉備がヤマト建国の中心に立っていたなどと、誰も想像できないからだ。

なぜ吉備津神社は吉備津彦命を祀り続けたのか

ここまでは、ヤマトからみた「吉備」の話だ。では、なぜ吉備の人びとは、吉備津彦命の温羅退治を語り継ぎ、吉備津神社でヤマトが勝手に創作したであろう「吉備津彦命」を祀り続けてきたのだろう。

十年ほど前、とある岡山の資料館を訪ねた時、学芸員と雑談をかわす機会に恵まれた。その時彼は、

「吉備の実力が、正当に評価されていないのが悔しい」

と嘆いていた。

この思いは、吉備の歴史を貫いて語り継がれてきたのではないかと、今更《いまさら》ながらに感じるのである。

吉備は存在が大きすぎたがゆえに、歴史から抹殺されてしまったのだ。そして、「本当のこと」は、なかなか叫ぶことはできなかっただろう。何しろ、藤原政権は奈良時代、平

安時代を通して存続したし、その後武家社会が誕生したあとも、藤原氏は武家の棟梁《とうりょう》のもとに女人《にょにん》を送り込み、しぶとく生き残ったのだ。たとえば足利将軍家《あしかがしょうぐんけ》に嫁入りした日野富子《ひのとみこ》の日野氏は、藤原系である。だから、権力者・藤原氏が構築した歴史観を打ち破ることは、困難な話であった。

もちろん、『竹取物語《たけとりものがたり》』など、藤原氏を密かに糾弾《きゅうだん》する文書はいくつか存在する。しかし吉備では、『日本書紀』の創作した「吉備津彦命」という偶像《ぐうぞう》を逆利用し、温羅を退治したという説話にすり替え、吉備の英雄を讃え続けてきたのではなかろうか。

かつてはヤマトを立ち上げ、ヤマトを支えてきたのだという吉備の人びとの誇りと、「われわれの一族（物部氏）は、民の幸せを願って蘇我氏に協力したのだ。それにもかかわらず、正史『日本書紀』に抹殺されてしまったのだ」という鬱屈《うっくつ》した思いを、今にいたるまで抱き続けてきたのかもしれない。歴史の恨みが、千年、二千年と継承されることは、いくつもの地域の民俗と信仰を調べれば、明らかなことだ。

おそらく「吉備」は、古代の歴史を忘れていない。だからこそ、吉備津彦命の名を高らかに謳《うた》い、さらに「日本一の桃太郎」を、天下に広めていったにちがいないのである。昔話・桃太郎は牧歌的だが、やはり背後には、重い古代の歴史が横たわっていたのである。

おわりに

私ごとになるが、島根県の東側、いわゆる「旧出雲国」には何度も足を運び、多くの知己を得ることができた。ひとたび出雲を訪れれば、いろいろと便宜を図っていただき、あたたかくもてなしてくださる。感謝の気持ちでいっぱいだ。

数年前、出雲での宴席で、出雲観光をいかに盛り上げていくかという話題になり、小生は生意気にも、

「吉備と手を組んではどうでしょう」

と提案してみた。東京や京阪神から吉備を経由して出雲に抜けるコースを、パックにしてしまうというアイディアだ。古代史二都物語である。

しかし、受けが悪かった。古代史に占める吉備の重要性があまり知られていなかったことが災いしたのかもしれない。それに、「すぐ隣」のありがたさは、なかなか気付かないものなのかもしれない。たとえば、関東にも古代史のヒントが山のように埋もれていると周囲の人間に語り続けているが、ほとんど関心を示してくれない。おそらく出雲の方々にとっても、同じなのだろう。

いや、待てよ。勘ぐれば切りがないが、出雲の方々は、吉備に対し、敵愾心《てきがいしん》を燃やしているのではあるまいか……。古代の出雲と吉備は、対立していた。出雲は吉備にいじめられたことを、いまだに忘れていないのではないか……。だとすると、小生は楽しい宴席で、空気の読めないことをしてしまったのかもしれない。

真相は定かではない。けれども、吉備古代史の旅の楽しさが知られていないとすれば、じつにもったいない。

岡山県は国分寺周辺の土地を買い取り、一帯の田園風景をそのまま保存している。この努力を、われわれは評価すべきだし、それよりもなによりも、国分寺周辺に残された温羅伝説を巡る旅は、まるで飛鳥の自転車巡りのように、楽しくて仕方ない。さらに、鬼ノ城に登れば、古代の吉備の景色をこの目で見たかのような錯覚を得ることが可能だ。

吉備と出雲の旅、個人的には、大好きなコースなのだ。

なお、今回の執筆にあたり、祥伝社黄金文庫編集部編集長吉田浩行氏、歴史作家の梅澤恵美子氏に御尽力いただきました。改めてお礼申し上げます。

合掌

参考文献

『古事記祝詞』日本古典文学大系（岩波書店）
『日本書紀』日本古典文学大系（岩波書店）
『風土記』日本古典文学大系（岩波書店）
『萬葉集』日本古典文学大系（岩波書店）
『続日本紀』新日本古典文学大系（岩波書店）
『魏志倭人伝・後漢書倭伝・宋書倭国伝・隋書倭国伝』石原道博編訳（岩波書店）
『旧唐書倭国日本伝・宋史日本伝・元史日本伝』石原道博編訳（岩波書店）
『三国史記倭人伝』佐伯有清編訳（岩波書店）
『先代舊事本紀』大野七三（新人物往来社）
『日本の神々』谷川健一編（白水社）
『神道大系　神社編』（神道大系編纂会）
『古語拾遺』斎部 広成著　西宮 一民編集（岩波文庫）
『日本書紀 一 二 三』新編日本古典文学全集（小学館）

『古事記』　新編日本古典文学全集（小学館）
『「前方後方墳」出現社会の研究』　植田文雄（学生社）
『邪馬台国時代の丹波・丹後・但馬と大和』　奈良県香芝市二上山博物館編（学生社）
『日本海域の古代史』　門脇禎二（東京大学出版会）
『市民の考古学　5　倭国大乱と日本海』　甘粕健編（同成社）
『日本昔話通観　第十九巻　岡山』　稲田浩二（京都同朋舎出版）
『桃太郎話』　立石憲利（岡山市デジタルミュージアム）
『吉備の古代史』　門脇禎二（ＮＨＫブックス）
『図説日本の昔話』　石井正己（河出書房新社）
『岡山文庫　52　吉備津神社』　藤井駿著　坂本一夫写真（日本文教出版株式会社）
『定本柳田国男集　第八巻』　柳田国男（筑摩書店）
『記紀神話伝承の研究』　泉谷康夫（吉川弘文館）
『桃太郎の母』　石田英一郎（講談社）
『吉備の考古学』　近藤義郎・河本清編（福武書店）
『謎の古代豪族　葛城氏』　平林章仁（祥伝社新書）

『古代日本正史』原田常治（同志社）
『桃太郎と邪馬台国』前田晴人（講談社現代新書）
『続・神々の系譜』上山春平（中公新書）
『物語の中世』保立道久（東京大学出版会）
『鬼むかし』五来重（角川選書）
『古代からのメッセージ　播磨国風土記』上田正昭監修　播磨学研究所編（神戸新聞総合出版センター）
『但馬国から邪馬台国へ』宮下豊（新人物往来社）
『神話と古代文化』古賀登（雄山閣）

一〇〇字書評

切り取り線

購買動機（新聞、雑誌名を記入するか、あるいは○をつけてください）	
□（　　　　　　　　　　　）の広告を見て	
□（　　　　　　　　　　　）の書評を見て	
□ 知人のすすめで	□ タイトルに惹かれて
□ カバーがよかったから	□ 内容が面白そうだから
□ 好きな作家だから	□ 好きな分野の本だから

●最近、最も感銘を受けた作品名をお書きください

●あなたのお好きな作家名をお書きください

●その他、ご要望がありましたらお書きください

住所	〒				
氏名		職業		年齢	
新刊情報等のパソコンメール配信を 希望する・しない	Eメール	※携帯には配信できません			

あなたにお願い

この本の感想を、編集部までお寄せいただけたらありがたく存じます。今後の企画の参考にさせていただきます。Eメールでも結構です。

いただいた「一〇〇字書評」は、新聞・雑誌等に紹介させていただくことがあります。その場合はお礼として特製図書カードを差し上げます。

前ページの原稿用紙に書評をお書きの上、切り取り、左記までお送り下さい。宛先の住所は不要です。

なお、ご記入いただいたお名前、ご住所等は、書評紹介の事前了解、謝礼のお届けのためだけに利用し、そのほかの目的のために利用することはありません。

〒一〇一-八七〇一
祥伝社黄金文庫編集長　吉田浩行
☎〇三（三二六五）二〇八四
ohgon@shodensha.co.jp

祥伝社ホームページの「ブックレビュー」からも、書けるようになりました。
http://www.shodensha.co.jp/bookreview/

祥伝社黄金文庫

古代史《こだいし》で読《よ》みとく桃太郎伝説《ももたろうでんせつ》の謎《なぞ》

平成26年9月10日　初版第1刷発行

著　者　関《せき》　裕二《ゆうじ》

発行者　竹内和芳
発行所　祥伝社《しょうでんしゃ》
〒101－8701
東京都千代田区神田神保町3－3
電話　03（3265）2084（編集部）
電話　03（3265）2081（販売部）
電話　03（3265）3622（業務部）
http://www.shodensha.co.jp/
印刷所　萩原印刷
製本所　ナショナル製本

Printed in Japan　© 2014, Yuji Seki　ISBN978-4-396-31645-7 C0195